Palabras e ideas de matemáticas

Números y operaciones

Patrones, funciones y cambio

Datos y probabilidades

Geometría

Mediciones

Juegos

El ***Manual de matemáticas para el estudiante*** es un libro de consulta. El libro se divide en dos secciones.

Palabras e ideas de matemáticas

Estas páginas ilustran importantes palabras e ideas de matemáticas que has ido aprendiendo. En ellas se identifican los términos y conceptos importantes y se ofrecen problemas relacionados. Úsalas para repasar o profundizar temas de matemáticas.

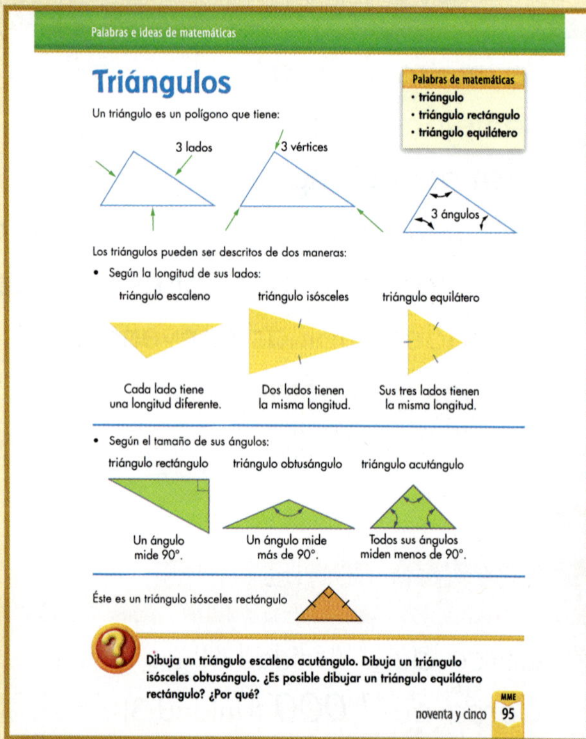

Palabras e ideas de matemáticas

Triángulos

Un triángulo es un polígono que tiene:

Palabras de matemáticas
- triángulo
- triángulo rectángulo
- triángulo equilátero

Los triángulos pueden ser descritos de dos maneras:

- Según la longitud de sus lados:

triángulo escaleno	triángulo isósceles	triángulo equilátero
Cada lado tiene una longitud diferente.	Dos lados tienen la misma longitud.	Sus tres lados tienen la misma longitud.

- Según el tamaño de sus ángulos:

triángulo rectángulo	triángulo obtusángulo	triángulo acutángulo
Un ángulo mide 90°.	Un ángulo mide más de 90°.	Todos sus ángulos miden menos de 90°.

Éste es un triángulo isósceles rectángulo

Dibuja un triángulo escaleno acutángulo. Dibuja un triángulo isósceles obtusángulo. ¿Es posible dibujar un triángulo equilátero rectángulo? ¿Por qué?

noventa y cinco MME 95

▲ Manual de matemáticas para el estudiante, pág. 95

Juegos

Puedes consultar la sección Juegos para conocer mejor las reglas antes de jugar en casa o en la escuela. En estas páginas también encontrarás listas de materiales y hojas de anotaciones para cada juego.

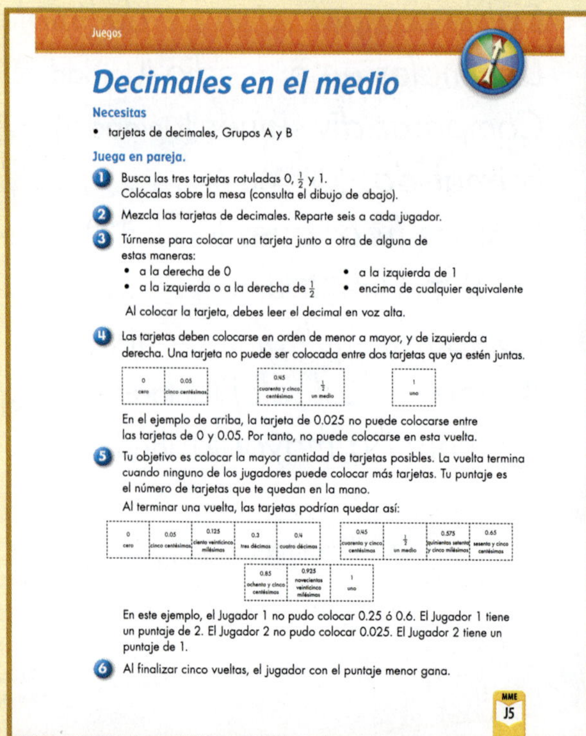

Juegos

Decimales en el medio

Necesitas
- tarjetas de decimales, Grupos A y B

Juega en pareja.

1. Busca las tres tarjetas rotuladas 0, $\frac{1}{2}$ y 1. Colócalas sobre la mesa (consulta el dibujo de abajo).
2. Mezcla las tarjetas de decimales. Reparte seis a cada jugador.
3. Túrnense para colocar una tarjeta junto a otra de alguna de estas maneras:
   - a la derecha de 0
   - a la izquierda o a la derecha de $\frac{1}{2}$
   - a la izquierda de 1
   - encima de cualquier equivalente

   Al colocar la tarjeta, debes leer el decimal en voz alta.
4. Las tarjetas deben colocarse en orden de menor a mayor, y de izquierda a derecha. Una tarjeta no puede ser colocada entre dos tarjetas que ya estén juntas.

   En el ejemplo de arriba, la tarjeta de 0.025 no puede colocarse entre las tarjetas de 0 y 0.05. Por tanto, no puede colocarse en esta vuelta.
5. Tu objetivo es colocar la mayor cantidad de tarjetas posibles. La vuelta termina cuando ninguno de los jugadores puede colocar más tarjetas. Tu puntaje es el número de tarjetas que te quedan en la mano.

   Al terminar una vuelta, las tarjetas podrían quedar así:

   En este ejemplo, el Jugador 1 no pudo colocar 0.25 ó 0.6. El Jugador 1 tiene un puntaje de 2. El Jugador 2 no pudo colocar 0.025. El Jugador 2 tiene un puntaje de 1.
6. Al finalizar cinco vueltas, el jugador con el puntaje menor gana.

MME J5

▲ Manual de matemáticas para el estudiante, pág. J5

Las secciones de **Práctica diaria** y **Tarea** contienen páginas con información muy útil del *Manual de matemáticas para el estudiante* (MME).

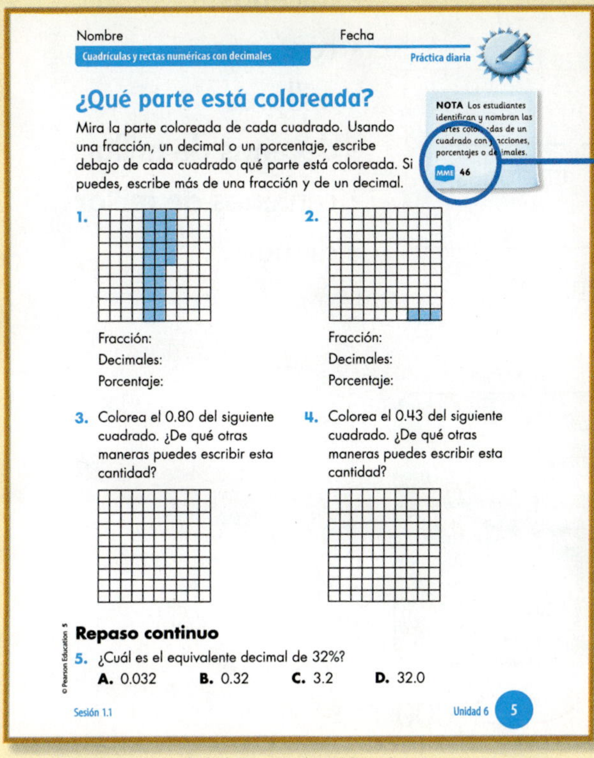

Nombre Fecha

Cuadrículas y rectas numéricas con decimales — Práctica diaria

¿Qué parte está coloreada?

Mira la parte coloreada de cada cuadrado. Usando una fracción, un decimal o un porcentaje, escribe debajo de cada cuadrado qué parte está coloreada. Si puedes, escribe más de una fracción y de un decimal.

NOTA Los estudiantes identifican y nombran las partes coloreadas de un cuadrado con fracciones, porcentajes o decimales. MME 46

1. Fracción: Decimales: Porcentaje:

2. Fracción: Decimales: Porcentaje:

3. Colorea el 0.80 del siguiente cuadrado. ¿De qué otras maneras puedes escribir esta cantidad?

4. Colorea el 0.43 del siguiente cuadrado. ¿De qué otras maneras puedes escribir esta cantidad?

Repaso continuo

5. ¿Cuál es el equivalente decimal de 32%?

A. 0.032 **B.** 0.32 **C.** 3.2 **D.** 32.0

© Pearson Education 5

Sesión 1.1 Unidad 6 5

▲ **Cuaderno de actividades, Unidad 6, pág. 5**

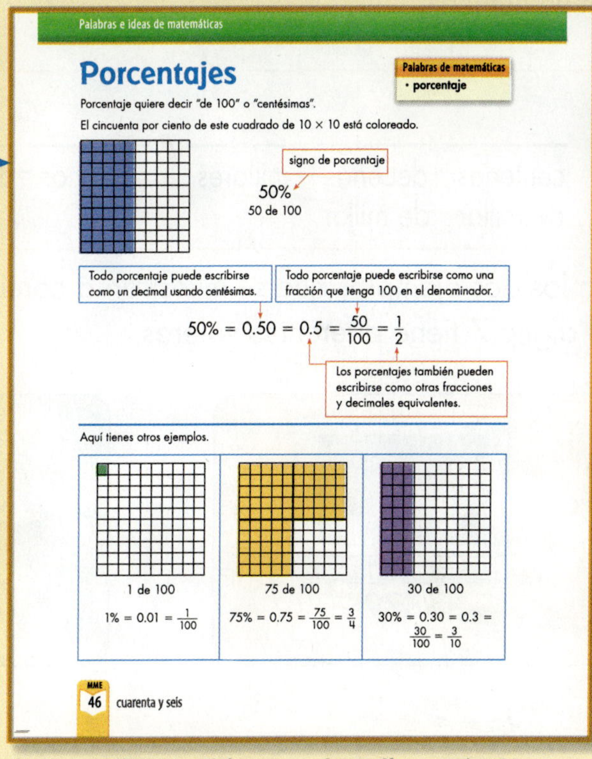

Palabras e ideas de matemáticas

Porcentajes

Palabras de matemáticas
- porcentaje

Porcentaje quiere decir "de 100" o "centésimas".

El cincuenta por ciento de este cuadrado de 10 × 10 está coloreado.

signo de porcentaje

50%

50 de 100

Todo porcentaje puede escribirse como un decimal usando centésimas.

Todo porcentaje puede escribirse como una fracción que tenga 100 en el denominador.

$50\% = 0.50 = 0.5 = \frac{50}{100} = \frac{1}{2}$

Los porcentajes también pueden escribirse como otras fracciones y decimales equivalentes.

Aquí tienes otros ejemplos.

1 de 100	75 de 100	30 de 100
$1\% = 0.01 = \frac{1}{100}$	$75\% = 0.75 = \frac{75}{100} = \frac{3}{4}$	$30\% = 0.30 = 0.3 = \frac{30}{100} = \frac{3}{10}$

MME 46 cuarenta y seis

▲ **Manual de matemáticas para el estudiante, pág. 46**

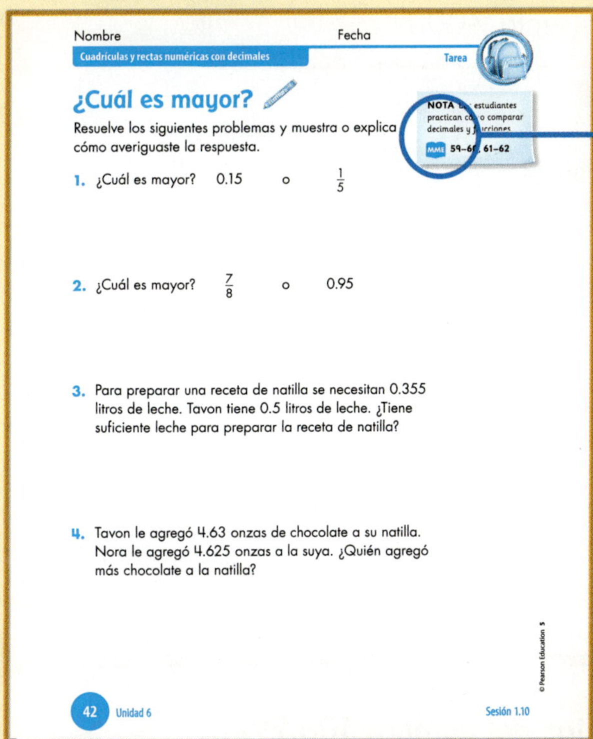

Nombre Fecha

Cuadrículas y rectas numéricas con decimales — Tarea

¿Cuál es mayor?

Resuelve los siguientes problemas y muestra o explica cómo averiguaste la respuesta.

NOTA Los estudiantes practican cómo comparar decimales y fracciones. MME 59–60, 61–62

1. ¿Cuál es mayor? 0.15 o $\frac{1}{5}$

2. ¿Cuál es mayor? $\frac{7}{8}$ o 0.95

3. Para preparar una receta de natilla se necesitan 0.355 litros de leche. Tavon tiene 0.5 litros de leche. ¿Tiene suficiente leche para preparar la receta de natilla?

4. Tavon le agregó 4.63 onzas de chocolate a su natilla. Nora le agregó 4.625 onzas a la suya. ¿Quién agregó más chocolate a la natilla?

© Pearson Education 5

42 Unidad 6 Sesión 1.10

▲ **Cuaderno de actividades, Unidad 6, pág. 42**

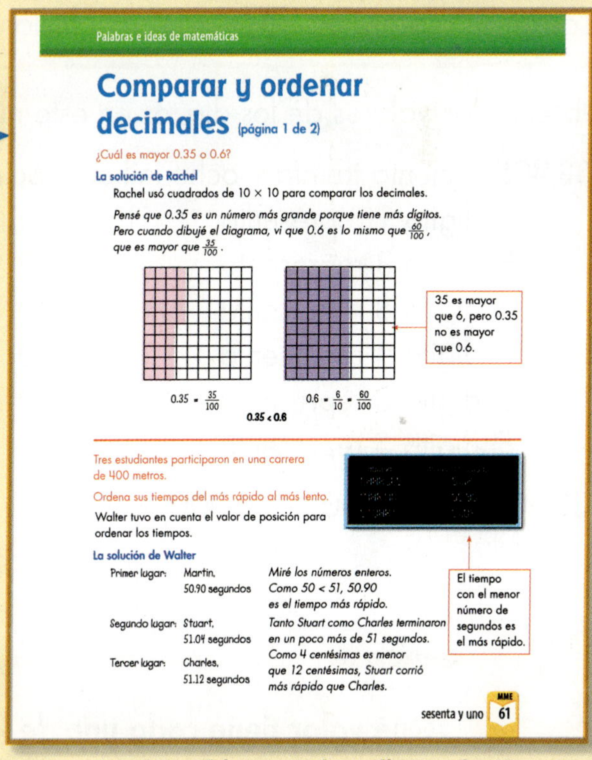

Palabras e ideas de matemáticas

Comparar y ordenar decimales (página 1 de 2)

¿Cuál es mayor 0.35 o 0.6?

La solución de Rachel

Rachel usó cuadrados de 10 × 10 para comparar los decimales.

Pensé que 0.35 es un número más grande porque tiene más dígitos. Pero cuando dibujé el diagrama, vi que 0.6 es lo mismo que $\frac{60}{100}$, que es mayor que $\frac{35}{100}$.

$0.35 = \frac{35}{100}$ $0.6 = \frac{6}{10} = \frac{60}{100}$

0.35 < 0.6

35 es mayor que 6, pero 0.35 no es mayor que 0.6.

Tres estudiantes participaron en una carrera de 400 metros.

Ordena sus tiempos del más rápido al más lento.

Walter tuvo en cuenta el valor de posición para ordenar los tiempos.

La solución de Walter

Primer lugar:	Martin, 50.90 segundos	*Miré los números enteros. Como 50 < 51, 50.90 es el tiempo más rápido.*
Segundo lugar:	Stuart, 51.04 segundos	*Tanto Stuart como Charles terminaron en un poco más de 51 segundos.*
Tercer lugar:	Charles, 51.12 segundos	*Como 4 centésimas es menor que 12 centésimas, Stuart corrió más rápido que Charles.*

El tiempo con el menor número de segundos es el más rápido.

sesenta y uno MME 61

▲ **Manual de matemáticas para el estudiante, pág. 61**

Valor de posición

El valor de un dígito cambia según la posición que ocupa en un número.

____	____	____ ,	____	____	____
centenas de millar	decenas de millar	millares	centenas	decenas	unidades

Palabras de matemáticas

- **valor de posición**
- **unidades**
- **decenas**
- **centenas**
- **millares**
- **decenas de millar**
- **centenas de millar**
- **dígito**

En los dos ejemplos que se muestran a continuación, el dígito 7 tiene diferentes valores.

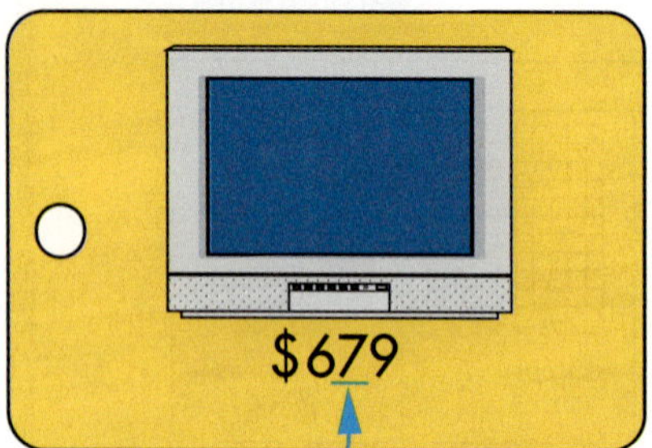

70

El dígito 7 en el lugar de las decenas representa 70.

7,000

El dígito 7 en el lugar de los millares representa 7,000.

Observa los valores de los dígitos en este número:

138,405 (ciento treinta y ocho mil cuatrocientos cinco)

El dígito 1 representa	100,000
El dígito 3 representa	30,000
El dígito 8 representa	8,000
El dígito 4 representa	400
El dígito 0 representa	0 decenas
El dígito 5 representa	5

138,405 = 100,000 + 30,000 + 8,000 + 400 + 5

¿Qué valor tiene cada uno de los dígitos del número 106,297?

Valor de posición en números grandes

Palabras de matemáticas
- **millón**
- **mil millones**
- **billón**
- **gúgol**

Existe un patrón para nombrar los números muy grandes.

BILLONES			MILLARES DE MILLONES			MILLONES			MILLARES			UNIDADES		
___	___	___,	___	___	___,	___	___	___,	___	___	___,	___	___	___
centenas de billón	decenas de billón	unidades de billón	centenas de millares de millón	decenas de millares de millón	unidades de millares de millón	centenas de millón	decenas de millón	unidades de millón	centenas de millar	decenas de millar	unidades de millar	centenas	decenas	unidades

Cada grupo de tres dígitos está separado por una coma.
Cada grupo de tres dígitos tiene un nombre (como "millones").

Dentro de cada grupo de tres dígitos existe un patrón de unidades, decenas y centenas.

Para contar los latidos del corazón se usan números muy grandes.

(uno)	aproximadamente 1	latido por segundo
(mil)	1,000	latidos en menos de 20 minutos
(un millón)	1,000,000	de latidos en menos de 2 semanas
(mil millones)	1,000,000,000	de latidos en aproximadamente 35 años

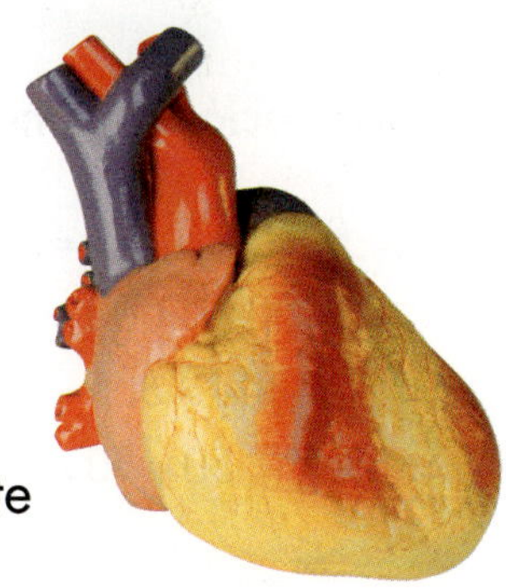

¡Un gúgol es un número muy, muy grande!

Un gúgol se escribe con el dígito 1 seguido de 100 ceros.

10,000,000,000,000,000,000,000,000,000,000,000,000,000,000,
000,000,000,000,000,000,000,000,000,000,000,000,000,000,000,
000,000,000,000,000,000

Estrategias de suma (página 1 de 2)

En quinto grado practicas estrategias de suma.

6,831 + 1,897 =

Descomponer números

Rachel resolvió el problema sumando un número dividido en partes.

La solución de Rachel

$$
\begin{array}{r}
6{,}831 \\
+1{,}000 \\
\hline
7{,}831 \\
+\quad 800 \\
\hline
8{,}631 \\
+\quad 90 \\
\hline
8{,}721 \\
+\quad 7 \\
\hline
\mathbf{8{,}728}
\end{array}
$$

Charles, Zachary y Janet resolvieron el problema sumando en cada posición. Aunque sus soluciones se parecen, anotaron sus trabajos de maneras diferentes.

La solución de Charles

$$
\begin{array}{rr}
6{,}831 + 1{,}897 = & \\
6{,}000 + 1{,}000 = & 7{,}000 \\
800 + 800 = & 1{,}600 \\
30 + 90 = & 120 \\
1 + 7 = & 8 \\
\hline
& \mathbf{8{,}728}
\end{array}
$$

La solución de Zachary

$$
\begin{array}{r}
6{,}831 \\
+\ 1{,}897 \\
\hline
7{,}000 \\
1{,}600 \\
120 \\
8 \\
\hline
\mathbf{8{,}728}
\end{array}
$$

La solución de Janet

$$
\begin{array}{r}
{}^{1\ 1} \\
6{,}831 \\
+\ 1{,}897 \\
\hline
\mathbf{8{,}728}
\end{array}
$$

Estrategias de suma (página 2 de 2)

6,831 + 1,897 =

Cambiar los números

Cecilia resolvió el problema cambiando un número y ajustando la suma. Cambió 1,897 a 2,000 para que el problema fuera más fácil de resolver.

La solución de Cecilia

$$\begin{array}{r l} 6{,}831 & \\ +\ 2{,}000 & \textit{Sumé 2,000 en vez de 1,897.} \\ \hline 8{,}831 & \\ -\ \ \ 103 & \textit{Luego, resté los 103 adicionales.} \\ \hline \mathbf{8{,}728} & \end{array}$$

Benito resolvió el problema creando un problema equivalente.

La solución de Benito

6,831 + 1,897 =
(–3) (+3) *Sumé 3 a 1,897 y resté 3 de 6,831.*

6,828 + 1,900 = **8,728**

Muestra cómo resolverías el problema 6,831 + 1,897.

Estrategias de resta (página 1 de 4)

En quinto grado practicas diferentes estrategias para resolver problemas de resta eficazmente.

$$\begin{array}{r} 3{,}726 \\ -\ 1{,}584 \\ \hline \end{array}$$

Restar por partes

Tamira resolvió este problema restando 1,584 por partes.

La solución de Tamira

$$\begin{array}{r} 3{,}726 \\ -\ 1{,}000 \\ \hline 2{,}726 \\ -\ 500 \\ \hline 2{,}226 \\ -\ 80 \\ \hline 2{,}146 \\ -\ 4 \\ \hline \mathbf{2{,}142} \end{array}$$

3,726 - 1,584 = **2,142**

Comencé en 3,726 y retrocedí 1,584 en cuatro partes: primero 1,000, luego 500, luego 80 y luego 4. Llegué al 2,142. La respuesta es el número donde terminé.

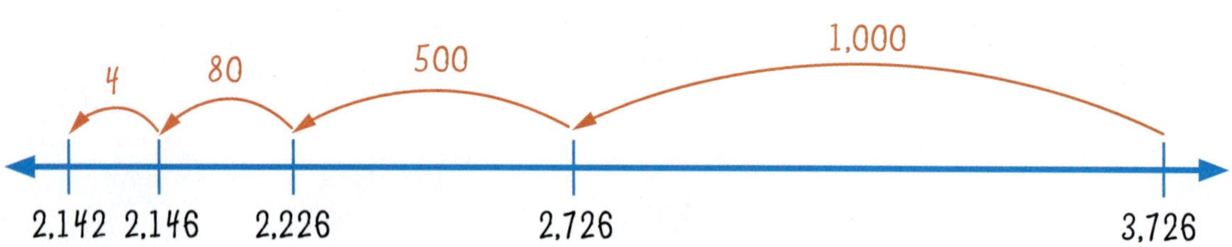

Estrategias de resta (página 2 de 4)

$$\begin{array}{r} 3{,}726 \\ -\ 1{,}584 \\ \hline \end{array}$$

Sumar hacia adelante

Félix sumó hacia adelante comenzando en 1,584.

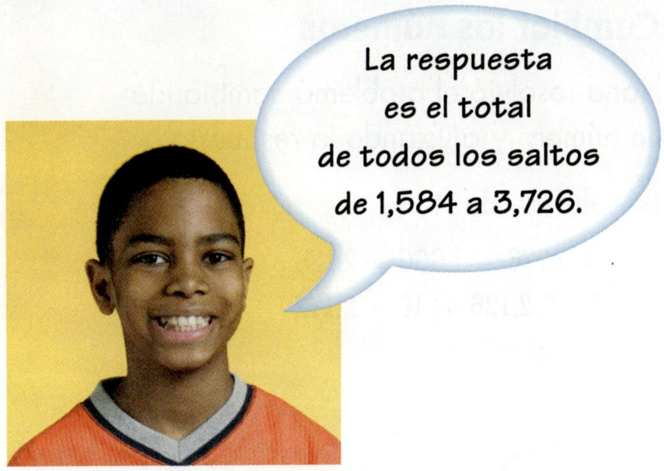

La solución de Félix

1,584 + ______ = 3,726
1,584 + 2,000 = 3,584
3,584 + 116 = 3,700
3,700 + 26 = 3,726
2,142

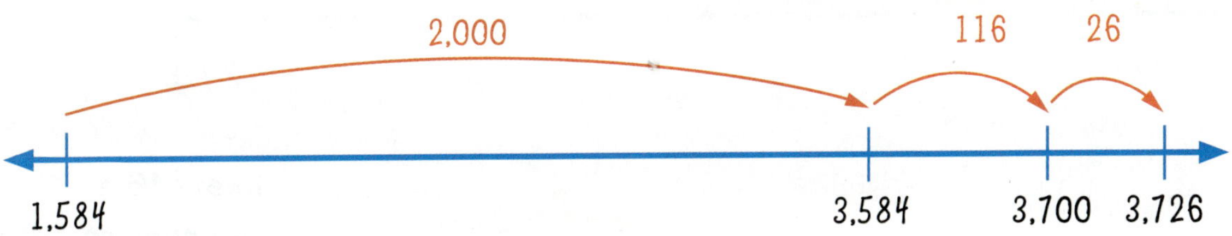

Restar hacia atrás

Walter usó la estrategia de restar hacia atrás.

La solución de Walter

3,726 - 1,584 = ______
3,726 - 2,126 = 1,600
1,600 - 16 = 1,584
2,142

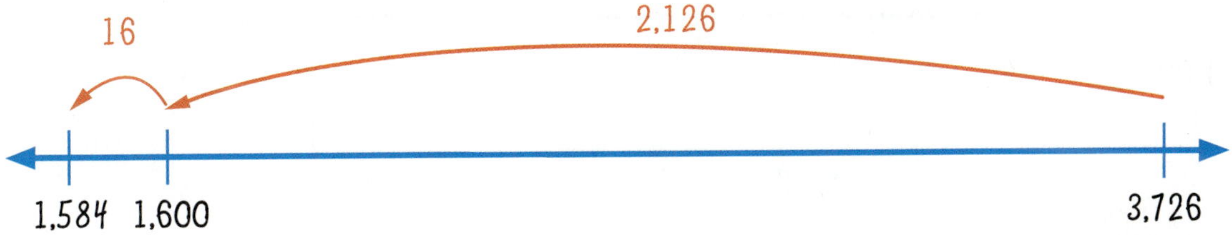

Estrategias de resta (página 3 de 4)

$$\begin{array}{r} 3{,}726 \\ -\ 1{,}584 \\ \hline \end{array}$$

Cambiar los números

Hana resolvió el problema cambiando un número y ajustando la respuesta.

La solución de Hana

3,726 - 1,600 = 2,126

2,126 + 16 = **2,142**

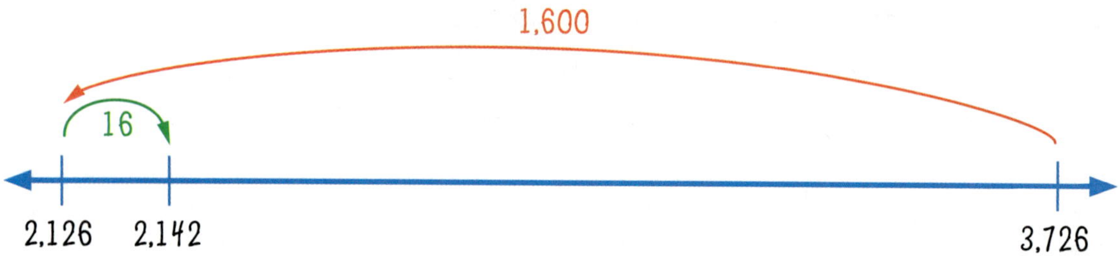

Joshua resolvió el problema creando un problema equivalente.

La solución de Joshua

3,726 - 1,584 =

(+16) (+16)

3,742 - 1,600 = **2,142**

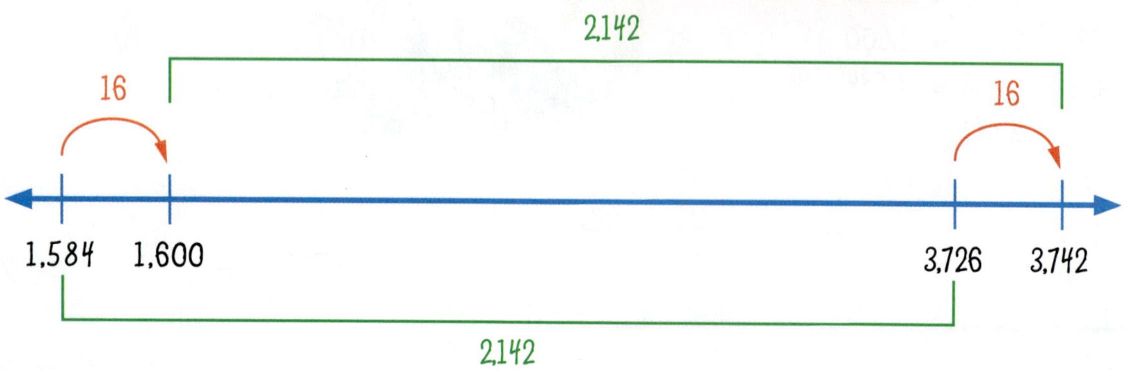

Estrategias de resta (página 4 de 4)

$$\begin{array}{r} 3{,}726 \\ -\ 1{,}584 \\ \hline \end{array}$$

Restar por valor de posición

Yumiko restó por valor de posición. Combinó los resultados positivos y negativos para hallar su respuesta.

La solución de Yumiko

$$\begin{array}{r} 3{,}726 \\ -\ 1{,}584 \\ \hline 2 \\ -\ 60 \\ 200 \\ 2{,}000 \\ \hline \mathbf{2{,}142} \end{array}$$

Esta notación muestra cada paso de la solución de Yumiko.

$$\begin{array}{rcccccccl} & 3{,}000 & + & 700 & + & 20 & + & 6 & \\ -\ (& 1{,}000 & + & 500 & + & 80 & + & 4\ ) & \\ \hline & 2{,}000 & + & 200 & + & -60 & + & 2 & = \mathbf{2{,}142} \end{array}$$

Avery restó por valor de posición utilizando el algoritmo usual.

La solución de Avery

$$\begin{array}{r} \scriptsize{6} \\ 3{,}\not{7}{}^{1}26 \\ -\ 1{,}584 \\ \hline \mathbf{2{,}142} \end{array}$$

Esta notación muestra cada paso de la solución de Avery.

$$\begin{array}{rcccccccl} & & & 600 & & 100 & & & \\ & 3{,}000 & + & \not{700} & + & 20 & + & 6 & \\ -\ (& 1{,}000 & + & 500 & + & 80 & + & 4\ ) & \\ \hline & 2{,}000 & + & 100 & + & 40 & + & 2 & = \mathbf{2{,}142} \end{array}$$

¿Cómo resolverías el problema 3,726 – 1,584?

Multiplicación y división

Palabras de matemáticas
- **multiplicación**
- **división**

× Usa la multiplicación cuando quieras combinar grupos del mismo tamaño.

Cantidad de grupos	Tamaño de un grupo	Cantidad de todos los grupos
28 equipos	18 jugadores en cada equipo	*desconocida*

Hay 28 equipos de futbol juvenil en nuestro pueblo y hay 18 jugadores en cada equipo. ¿Cuántos jugadores hay entre todos los equipos?

$$28 \times 18 = \underline{\mathbf{504}}$$

Respuesta: Hay **504** jugadores en total.

÷ Usa la división cuando quieras separar una cantidad en grupos iguales.

Cantidad de grupos	Tamaño de un grupo	Cantidad de todos los grupos
28 equipos	*desconocido*	504 jugadores

Hay 28 equipos de futbol en nuestro pueblo y hay 504 jugadores entre todos los equipos. En todos los equipos hay la misma cantidad de jugadores. ¿Cuántos jugadores hay en cada equipo?

$$504 \div 28 = \underline{\mathbf{18}}$$

Respuesta: En cada equipo hay **18** jugadores.

Cantidad de grupos	Tamaño de un grupo	Cantidad de todos los grupos
desconocida	18 jugadores en cada equipo	504 jugadores

Hay 504 jugadores de futbol en nuestro pueblo y hay 18 jugadores en cada equipo. ¿Cuántos equipos hay?

$$504 \div 18 = \underline{\mathbf{28}}$$

Respuesta: Hay **28** equipos.

Signos matemáticos y notación

Palabras de matemáticas

- **factor**
- **producto**
- **dividendo**
- **divisor**
- **cociente**
- **igual a (=)**
- **mayor que (>)**
- **menor que (<)**

Multiplicación

$28 \times 18 = 504$

factores (28, 18) **producto** (504)

$$\begin{array}{r} 18 \\ \times\ 28 \\ \hline 504 \end{array}$$

18, 28: **factores**

504: **producto**

División

$120 \div 15 = 8$

dividendo (120) **divisor** (15) **cociente** (8)

$$15\overline{)120}$$

8: **cociente**

15: **divisor**

120: **dividendo**

Comparar valores

igual a	$2 \times 40 = 2 \times 5 \times 8$	$80 = 80$
mayor que	$10 \times 10 > 11 \times 9$	$100 > 99$
menor que	$4 \times 30 < 3 \times 50$	$120 < 150$

¿Cuáles son los factores de 14 × 20 = 280?
¿Cuál es el cociente de 144 ÷ 16 = 9?

Matrices

Palabras de matemáticas
- **matriz**
- **dimensiones**

Las matrices pueden usarse para representar multiplicaciones.

Ésta es una de las matrices rectangulares que puedes formar con 24 fichas cuadradas.

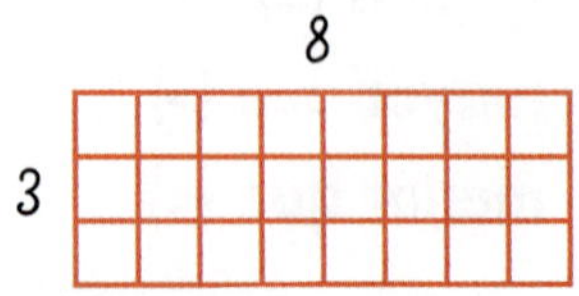

Las dimensiones de la matriz son 3×8 (u 8×3, según cómo se mire la matriz).

Esta matriz muestra que:

- 3 y 8 son dos factores de 24.
- 24 es un múltiplo de 8.
- 24 es un múltiplo de 3.

Esta matriz muestra una manera de resolver 8×12.

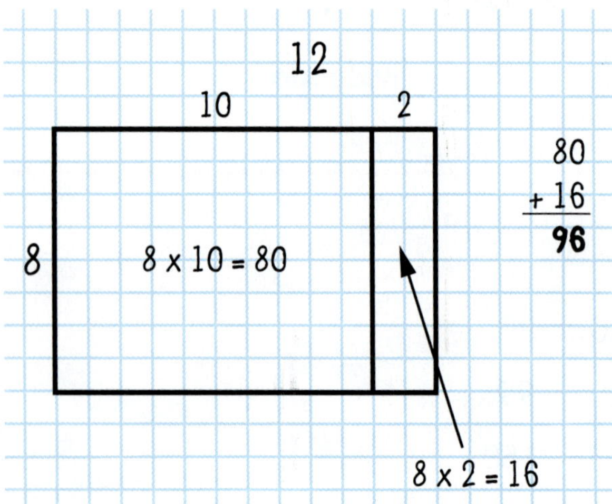

$8 \times 12 = (8 \times 10) + (8 \times 2) = 80 + 16 = \mathbf{96}$

Dibuja una matriz que tenga unas dimensiones de 5 por 9.

Matrices en blanco

Para números más grandes, puede resultar más fácil usar matrices sin cuadrículas que matrices con cuadrículas.

Observa cómo se usan las matrices en blanco para mostrar diferentes maneras de resolver el problema 9×12.

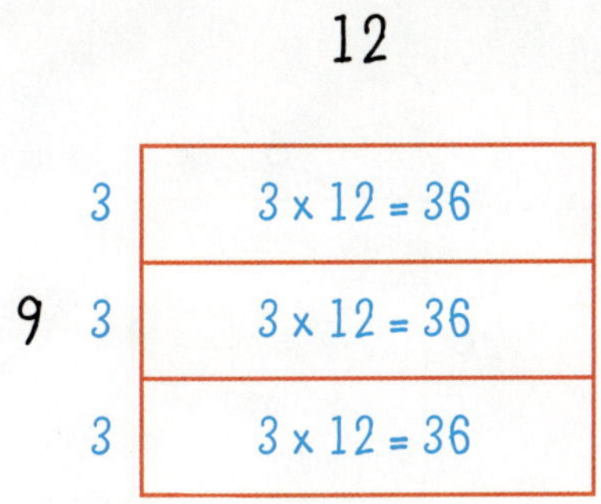

36 + 36 + 36 = **108**

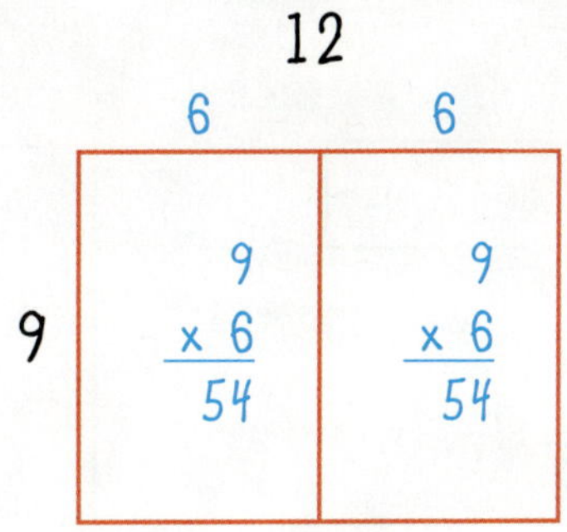

54 + 54 = **108**

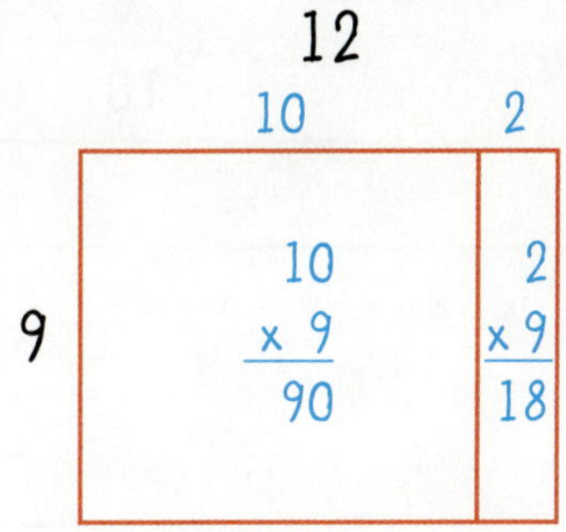

90 + 18 = **108**

Esta matriz en blanco muestra una solución a 34×45.

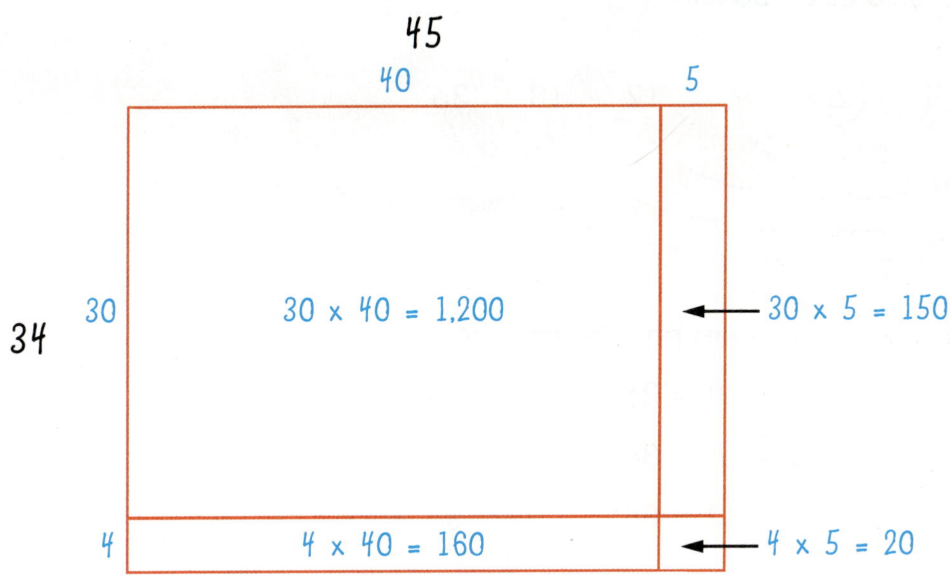

34 x 45 = **1,530**

1,200
160
150
+ 20
1,530

Factores

Palabras de matemáticas
- **factor**

Éstas son todas las posibles matrices rectangulares enteras del número 36 que se pueden obtener.

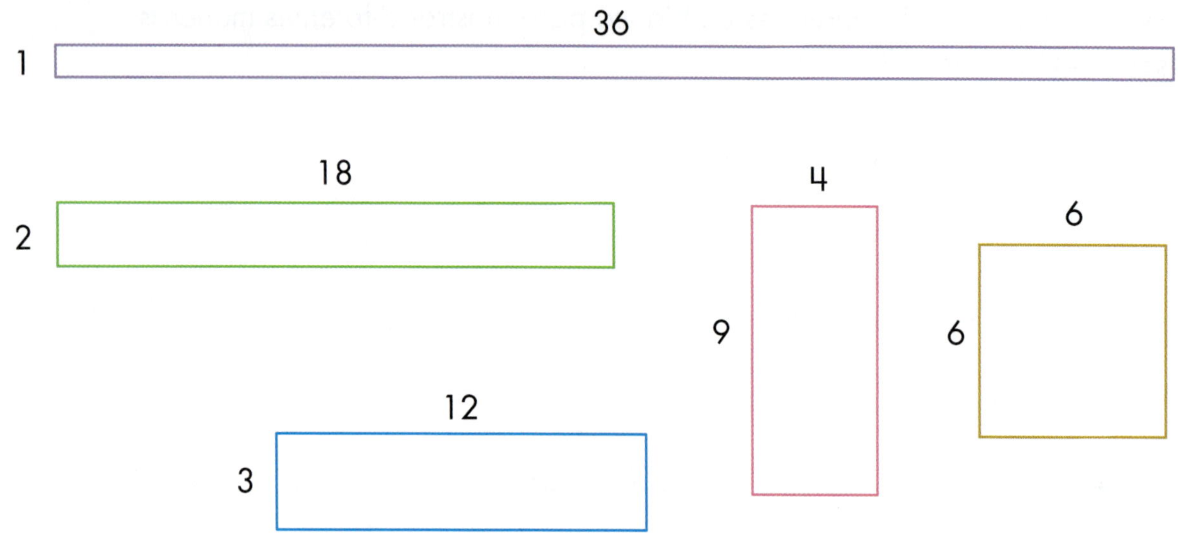

Cada una de las dimensiones de estos rectángulos es un factor de 36.

Listados en orden, los factores de 36 son

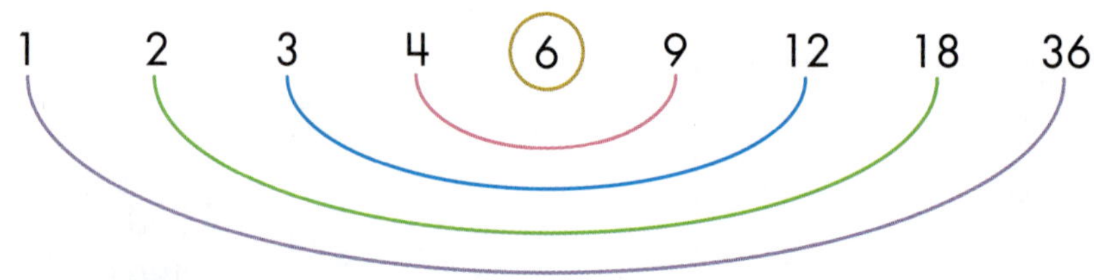

Se pueden multiplicar pares de factores para obtener 36.

$1 \times 36 = 36$	$2 \times 18 = 36$	$3 \times 12 = 36$
$4 \times 9 = 36$	$6 \times 6 = 36$	$9 \times 4 = 36$
$12 \times 3 = 36$	$18 \times 2 = 36$	$36 \times 1 = 36$

Usa los factores de 36 para obtener los factores de 72.
Usa los factores de 36 para obtener los factores de 360.

Múltiplos

Palabras de matemáticas
- **múltiplo**

Esta tabla de 300 muestra un conteo salteado de 15 en 15.
Los números coloreados son múltiplos de 15. Un múltiplo de 15 es cualquier número que puede dividirse equitativamente en grupos de 15.

1	2	3	4	5	6	7	8	9	10
11	12	13	14	15	16	17	18	19	20
21	22	23	24	25	26	27	28	29	30
31	32	33	34	35	36	37	38	39	40
41	42	43	44	45	46	47	48	49	50
51	52	53	54	55	56	57	58	59	60
61	62	63	64	65	66	67	68	69	70
71	72	73	74	75	76	77	78	79	80
81	82	83	84	85	86	87	88	89	90
91	92	93	94	95	96	97	98	99	100
101	102	103	104	105	106	107	108	109	110
111	112	113	114	115	116	117	118	119	120
121	122	123	124	125	126	127	128	129	130
131	132	133	134	135	136	137	138	139	140
141	142	143	144	145	146	147	148	149	150
151	152	153	154	155	156	157	158	159	160
161	162	163	164	165	166	167	168	169	170
171	172	173	174	175	176	177	178	179	180
181	182	183	184	185	186	187	188	189	190
191	192	193	194	195	196	197	198	199	200
201	202	203	204	205	206	207	208	209	210
211	212	213	214	215	216	217	218	219	220
221	222	223	224	225	226	227	228	229	230
231	232	233	234	235	236	237	238	239	240
241	242	243	244	245	246	247	248	249	250
251	252	253	254	255	256	257	258	259	260
261	262	263	264	265	266	267	268	269	270
271	272	273	274	275	276	277	278	279	280
281	282	283	284	285	286	287	288	289	290
291	292	293	294	295	296	297	298	299	300

$\underline{20} \times \mathbf{15} = 300$

$300 \div \mathbf{15} = \underline{20}$

Usa los números coloreados de la tabla de 300 para escribir otras ecuaciones de multiplicación y división que tengan múltiplos de 15.

__?__ × 15 = __?__ __?__ ÷ 15 = __?__

Torres de múltiplos

Cuando cuentas salteado por algún número, estás hallando los múltiplos de ese número.

La clase de Nora hizo una torre de múltiplos para el número 16. Anotaron los múltiplos de 16 en una tira de papel, empezando por la parte de abajo.

Encerraron en un círculo cada décimo múltiplo de 16 y los usaron como múltiplos de referencia para resolver los siguientes problemas.

21 × 16 = 336

La solución de Nora

Sabemos que 20 × 16 = 320.
336 le sigue a 320 en la torre de múltiplos, por tanto es un 16 más.

30 × 16 = 480

La solución de Georgia

30 × 16 sería el próximo múltiplo de referencia en la torre.
Como 3 × 16 = 48,
30 × 16 = 48 × 10.

208 ÷ 16 = 13

La solución de Renaldo

Diez 16 equivalen al número 160.
Tres 16 más equivaldrían al número 208.

¿Cómo usarías esta torre de múltiplos para resolver el siguiente problema? 18 × 16 = _____

Propiedades de los números (página 1 de 2)

Palabras de matemáticas
- **número primo**
- **número compuesto**
- **cuadrado de un número**

Cuando un número es representado como una matriz, puedes reconocer algunas de las propiedades especiales de ese número.

Los números primos tienen exactamente dos factores: 1 y el número mismo.

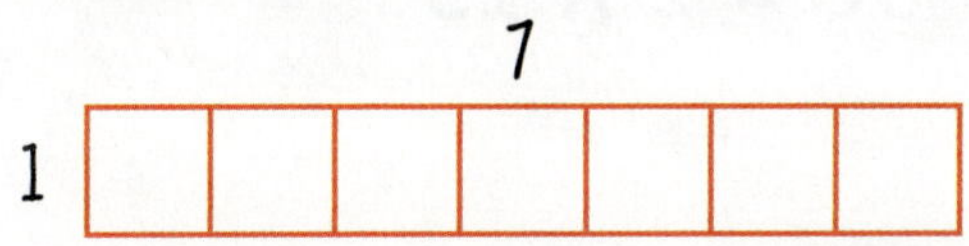

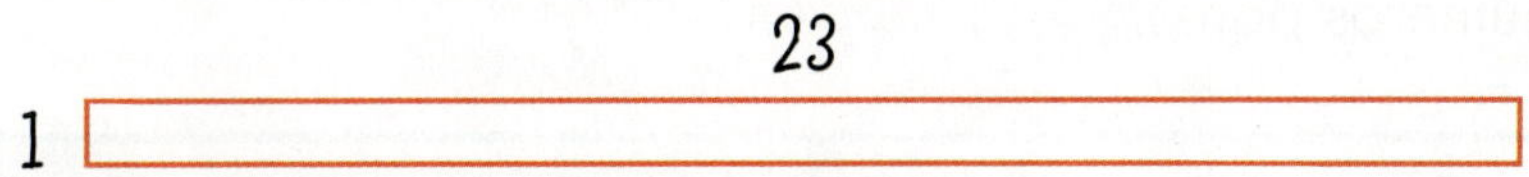

7 y 23 son ejemplos de números primos.

Los números que tienen más de dos factores se llaman números compuestos.

El número 1 tiene un solo factor. No es un número primo ni tampoco un número compuesto.

El cuadrado de un número se obtiene al multiplicar el número por sí mismo.

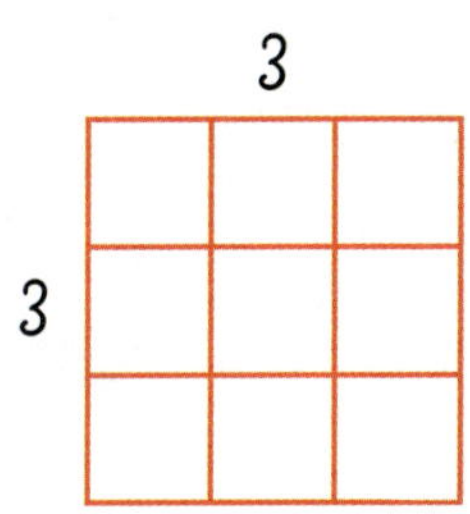

$9 = 3 \times 3$

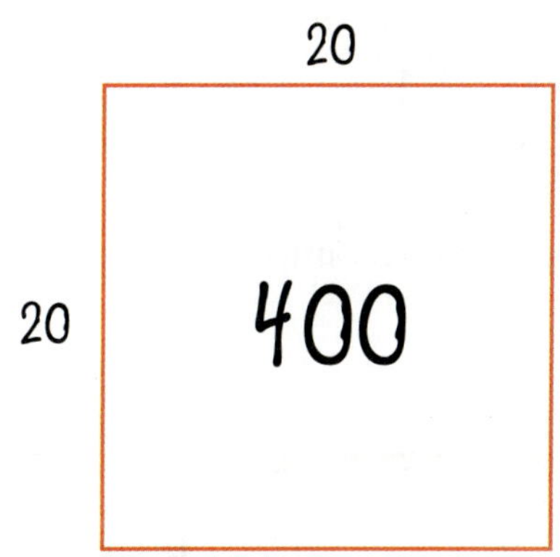

9 y 400 son ejemplos de cuadrados de números.

Propiedades de los números (página 2 de 2)

Palabras de matemáticas
- **número par**
- **número impar**

Un número par está compuesto de grupos de 2.
Uno de los factores de un número par es 2.

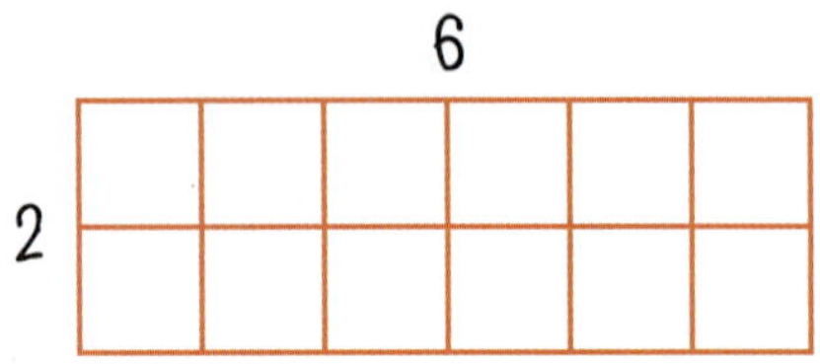

$$12 = 2 \times 6$$

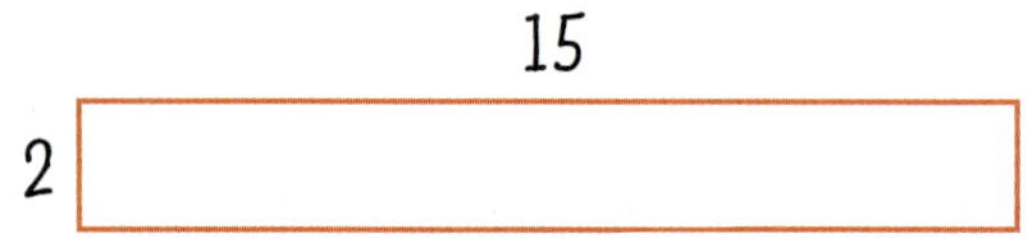

$$30 = 2 \times 15$$

12 y 30 son ejemplos de números pares.

Un número impar está compuesto de grupos de 2 más 1.
Uno de los factores de un número impar no es 2.

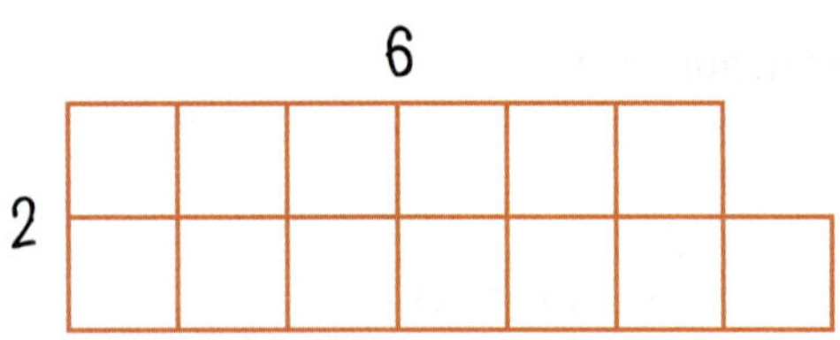

$$13 = (2 \times 6) + 1$$

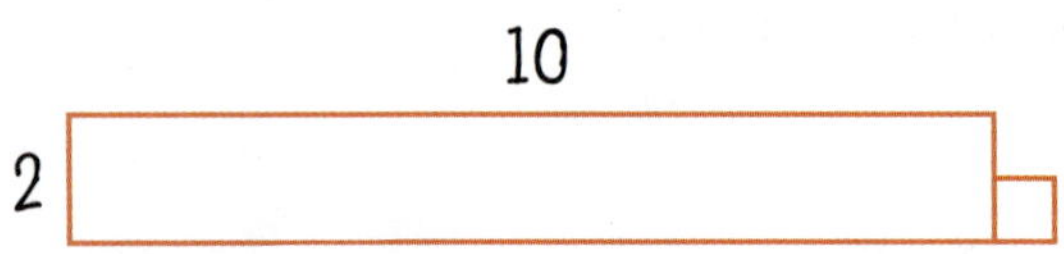

$$21 = (2 \times 10) + 1$$

13 y 21 son ejemplos de números impares.

Halla todos los números primos hasta 50.
Halla todos los cuadrados de números hasta 100.

Multiplicar más de dos números (página 1 de 2)

Hay 36 puntos en esta ordenación.

Puedes visualizar el número total de puntos de muchas maneras.

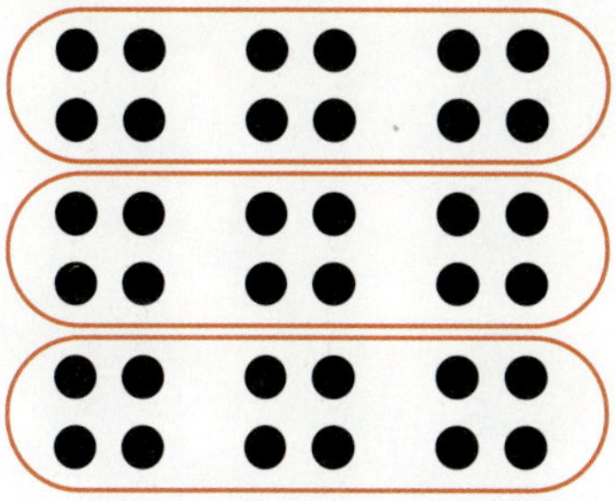

3 x 12

3 grupos de 12

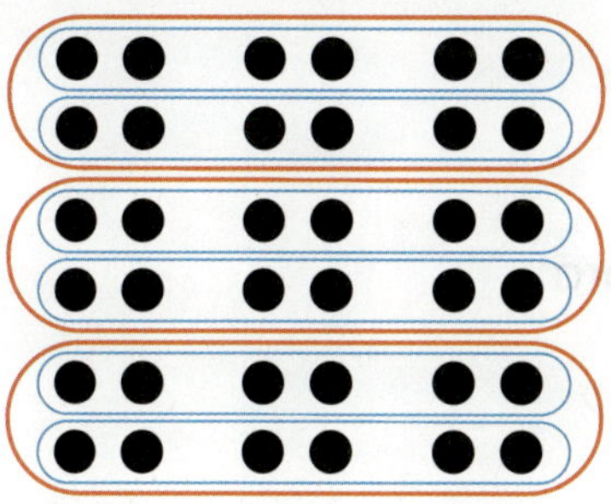

3 x (2 x 6)

3 grupos de 12

Cada grupo de 12 está compuesto de 2 grupos de 6.

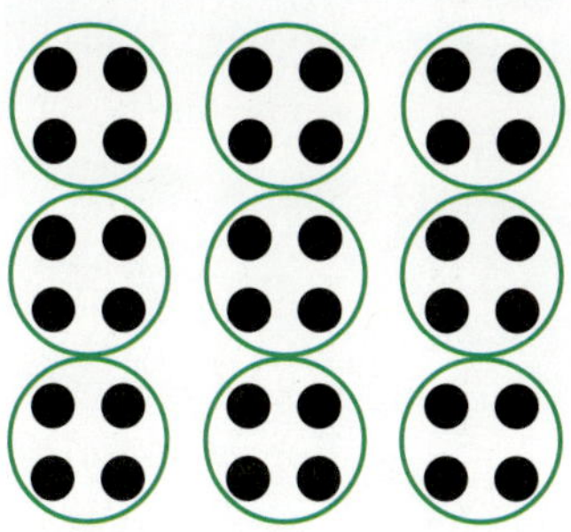

9 x 4

9 grupos de 4

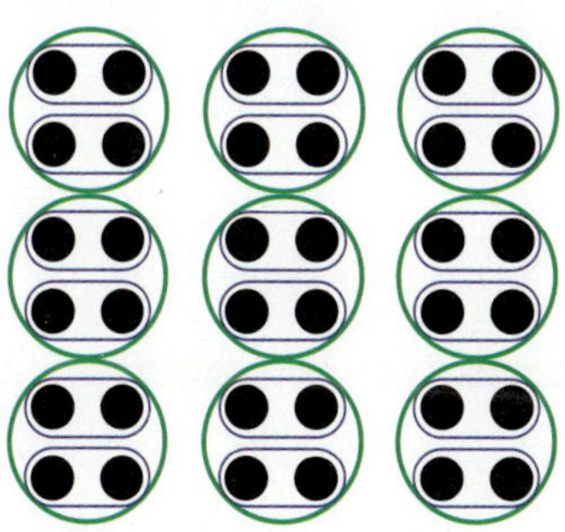

9 x (2 x 2)

9 grupos de 4

Cada grupo de 4 está compuesto de 2 grupos de 2.

Multiplicar más de dos números (página 2 de 2)

Palabras de matemáticas

- **factorización prima**

A continuación se muestran maneras de multiplicar números enteros para obtener 36.

dos factores	tres factores	cuatro factores
2 x 18	2 x 2 x 9	2 x 2 x 3 x 3
3 x 12	2 x 3 x 6	
4 x 9	3 x 3 x 4	
6 x 6		

$2 \times 2 \times 3 \times 3$ es la expresión de multiplicación más larga para obtener 36 usando sólo números enteros mayores que 1.

(2) x (2) x (3) x (3)

Observa que estos factores son números primos.

$2 \times 2 \times 3 \times 3$ es la factorización prima de 36.

Halla la factorización prima de 120.

Combinaciones de multiplicación

(página 1 de 5)

Este año, uno de tus objetivos en la clase de matemáticas es repasar y practicar todas las combinaciones de multiplicación hasta 12 × 12.

1 x 1	1 x 2	1 x 3	1 x 4	1 x 5	1 x 6	1 x 7	1 x 8	1 x 9	1 x 10	1 x 11	1 x 12
2 x 1	2 x 2	2 x 3	2 x 4	2 x 5	2 x 6	2 x 7	2 x 8	2 x 9	2 x 10	2 x 11	2 x 12
3 x 1	3 x 2	3 x 3	3 x 4	3 x 5	3 x 6	3 x 7	3 x 8	3 x 9	3 x 10	3 x 11	3 x 12
4 x 1	4 x 2	4 x 3	4 x 4	4 x 5	4 x 6	4 x 7	4 x 8	4 x 9	4 x 10	4 x 11	4 x 12
5 x 1	5 x 2	5 x 3	5 x 4	5 x 5	5 x 6	5 x 7	5 x 8	5 x 9	5 x 10	5 x 11	5 x 12
6 x 1	6 x 2	6 x 3	6 x 4	6 x 5	6 x 6	6 x 7	6 x 8	6 x 9	6 x 10	6 x 11	6 x 12
7 x 1	7 x 2	7 x 3	7 x 4	7 x 5	7 x 6	7 x 7	7 x 8	7 x 9	7 x 10	7 x 11	7 x 12
8 x 1	8 x 2	8 x 3	8 x 4	8 x 5	8 x 6	8 x 7	8 x 8	8 x 9	8 x 10	8 x 11	8 x 12
9 x 1	9 x 2	9 x 3	9 x 4	9 x 5	9 x 6	9 x 7	9 x 8	9 x 9	9 x 10	9 x 11	9 x 12
10 x 1	10 x 2	10 x 3	10 x 4	10 x 5	10 x 6	10 x 7	10 x 8	10 x 9	10 x 10	10 x 11	10 x 12
11 x 1	11 x 2	11 x 3	11 x 4	11 x 5	11 x 6	11 x 7	11 x 8	11 x 9	11 x 10	11 x 11	11 x 12
12 x 1	12 x 2	12 x 3	12 x 4	12 x 5	12 x 6	12 x 7	12 x 8	12 x 9	12 x 10	12 x 11	12 x 12

Hay 144 combinaciones de multiplicación en esta tabla. Tal vez pienses que recordarlas todas sea difícil, pero no debes preocuparte. En las siguientes páginas encontrarás algunas sugerencias que te ayudarán a aprender muchas de ellas.

Combinaciones de multiplicación

(página 2 de 5)

Aprender dos combinaciones a la vez

Para ayudarte a repasar las combinaciones de multiplicación, piensa en dos combinaciones a la vez, como 8×3 y 3×8.

Estos dos problemas parecen diferentes, pero tienen la misma respuesta.

3

8 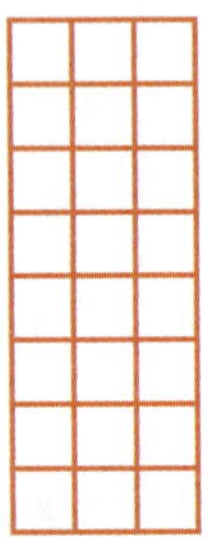

8×3

8

3 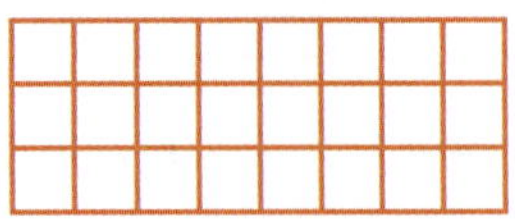

3×8

Si sabes que $8 \times 3 = 24$, también sabes que $3 \times 8 = 24$.

¡Has aprendido dos combinaciones de multiplicación!

Al "invertir" las combinaciones y aprenderlas de dos en dos, la tabla de combinaciones de multiplicación se reduce de 144 a 78.

1 x 1	1 x 2	1 x 3	1 x 4	1 x 5	1 x 6	1 x 7	1 x 8	1 x 9	1 x 10	1 x 11	1 x 12
2 x 1 1 x 2	2 x 2	2 x 3	2 x 4	2 x 5	2 x 6	2 x 7	2 x 8	2 x 9	2 x 10	2 x 11	2 x 12
3 x 1 1 x 3	3 x 2 2 x 3	3 x 3	3 x 4	3 x 5	3 x 6	3 x 7	3 x 8	3 x 9	3 x 10	3 x 11	3 x 12
4 x 1 1 x 4	4 x 2 2 x 4	4 x 3 3 x 4	4 x 4	4 x 5	4 x 6	4 x 7	4 x 8	4 x 9	4 x 10	4 x 11	4 x 12
5 x 1 1 x 5	5 x 2 2 x 5	5 x 3 3 x 5	5 x 4 4 x 5	5 x 5	5 x 6	5 x 7	5 x 8	5 x 9	5 x 10	5 x 11	5 x 12
6 x 1 1 x 6	6 x 2 2 x 6	6 x 3 3 x 6	6 x 4 4 x 6	6 x 5 5 x 6	6 x 6	6 x 7	6 x 8	6 x 9	6 x 10	6 x 11	6 x 12
7 x 1 1 x 7	7 x 2 2 x 7	7 x 3 3 x 7	7 x 4 4 x 7	7 x 5 5 x 7	7 x 6 6 x 7	7 x 7	7 x 8	7 x 9	7 x 10	7 x 11	7 x 12
8 x 1 1 x 8	8 x 2 2 x 8	8 x 3 3 x 8	8 x 4 4 x 8	8 x 5 5 x 8	8 x 6 6 x 8	8 x 7 7 x 8	8 x 8	8 x 9	8 x 10	8 x 11	8 x 12
9 x 1 1 x 9	9 x 2 2 x 9	9 x 3 3 x 9	9 x 4 4 x 9	9 x 5 5 x 9	9 x 6 6 x 9	9 x 7 7 x 9	9 x 8 8 x 9	9 x 9	9 x 10	9 x 11	9 x 12
10 x 1 1 x 10	10 x 2 2 x 10	10 x 3 3 x 10	10 x 4 4 x 10	10 x 5 5 x 10	10 x 6 6 x 10	10 x 7 7 x 10	10 x 8 8 x 10	10 x 9 9 x 10	10 x 10	10 x 11	10 x 12
11 x 1 1 x 11	11 x 2 2 x 11	11 x 3 3 x 11	11 x 4 4 x 11	11 x 5 5 x 11	11 x 6 6 x 11	11 x 7 7 x 11	11 x 8 8 x 11	11 x 9 9 x 11	11 x 10 10 x 11	11 x 11	11 x 12
12 x 1 1 x 12	12 x 2 2 x 12	12 x 3 3 x 12	12 x 4 4 x 12	12 x 5 5 x 12	12 x 6 6 x 12	12 x 7 7 x 12	12 x 8 8 x 12	12 x 9 9 x 12	12 x 10 10 x 12	12 x 11 11 x 12	12 x 12

Combinaciones de multiplicación

(página 3 de 5)

Otra manera útil de aprender las combinaciones de multiplicación es pensar en una categoría a la vez. A continuación se muestran algunas categorías que tal vez hayas visto antes.

Aprender las combinaciones ×1

Piensa en un solo grupo.

1 grupo de 9 es igual a 9.

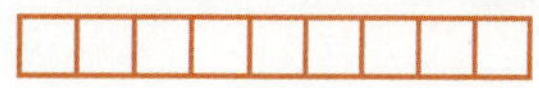

→ $1 \times 9 = 9$

Piensa en varios grupos de 1.

6 grupos de 1 es igual a 6.

→ $6 \times 1 = 6$

Aprender las combinaciones ×2

Multiplicar un número por 2 es lo mismo que duplicarlo.

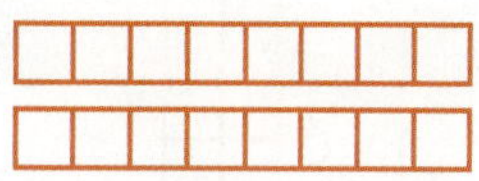

→ $8 + 8 = 16$

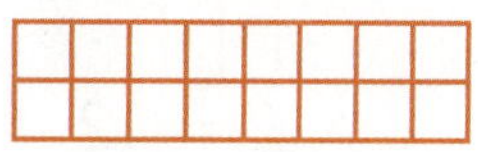

→ $2 \times 8 = 16$

Aprender las combinaciones ×10 y ×5

Puedes aprender estas combinaciones contando de 10 en 10 o de 5 en 5.

10, 20, 30, 40, 50, 60 → $6 \times 10 = 60$

5, 10, 15, 20, 25, 30 → $6 \times 5 = 30$

Otra manera de hallar una combinación ×5 es recordando que es la mitad de una combinación ×10.

10

6

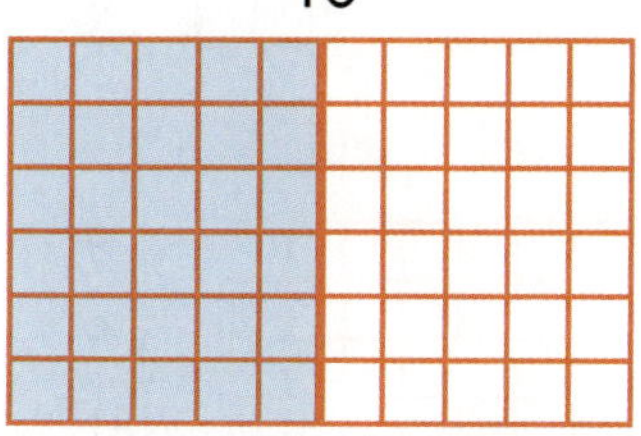

$6 \times 10 = 60$

5

6

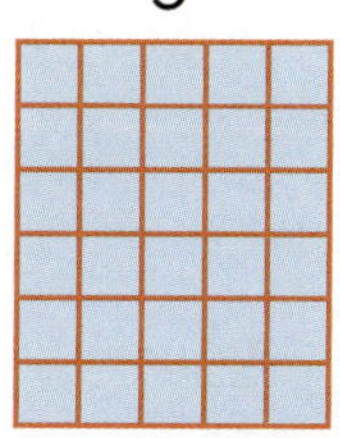

$6 \times 5 = 30$

6×5 (o 30) es la mitad de 6×10 (o 60).

Combinaciones de multiplicación

(página 4 de 5)

A continuación se presentan más categorías para ayudarte a aprender las combinaciones de multiplicación.

Aprender las combinaciones ×11

Muchos estudiantes aprenden estas combinaciones observando el patrón de dobles dígitos que crean.

11	11	11	11	11
x 3	x 4	x 5	x 6	x 7
33	44	55	66	77

Aprender las combinaciones ×12

Muchos estudiantes multiplican por 12 descomponiendo el 12 en 10 y 2.

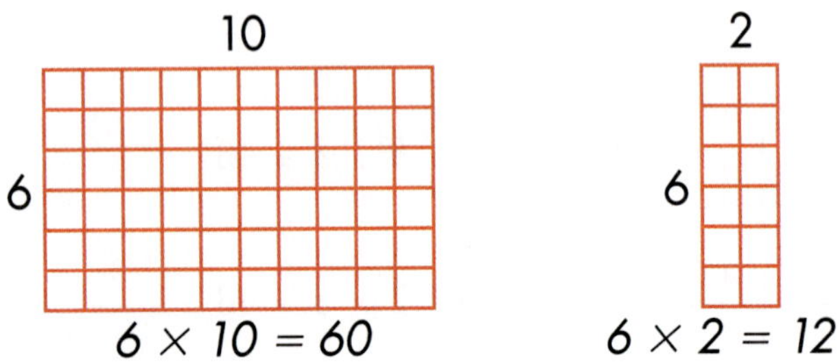

6 x 12 = (6 x 10) + (6 x 2)
6 x 12 = 60 + 12
6 x 12 = 72

Aprender los cuadrados de números

Muchos estudiantes recuerdan las combinaciones de cuadrados de números representando los cuadrados con fichas cuadradas o dibujándolos en papel cuadriculado.

$$\begin{array}{r} 3 \\ \times 3 \\ \hline 9 \end{array}$$

$$\begin{array}{r} 4 \\ \times 4 \\ \hline 16 \end{array}$$

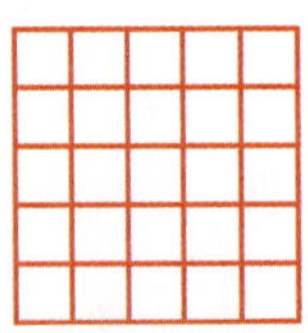

$$\begin{array}{r} 5 \\ \times 5 \\ \hline 25 \end{array}$$

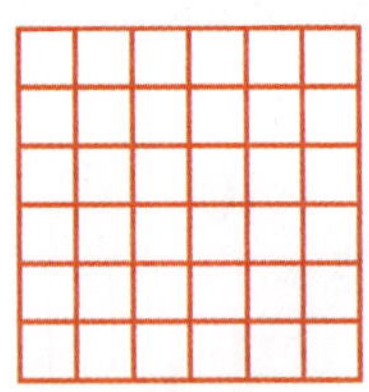

$$\begin{array}{r} 6 \\ \times 6 \\ \hline 36 \end{array}$$

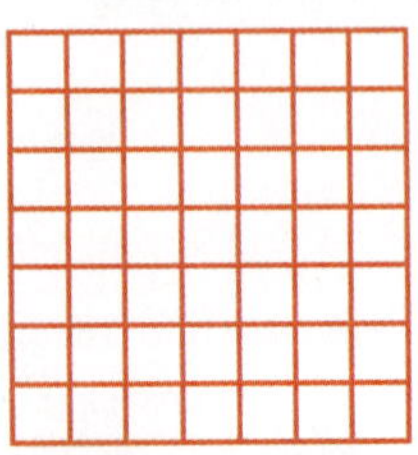

$$\begin{array}{r} 7 \\ \times 7 \\ \hline 49 \end{array}$$

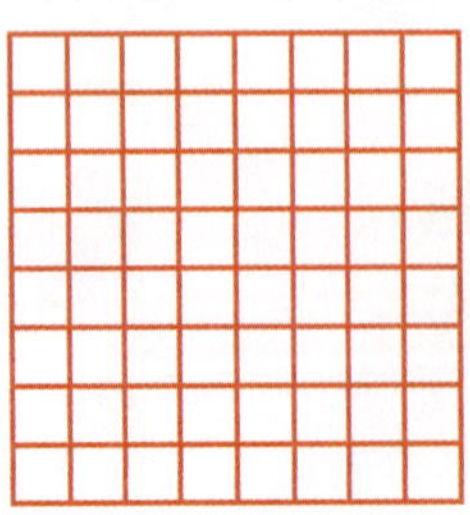

$$\begin{array}{r} 8 \\ \times 8 \\ \hline 64 \end{array}$$

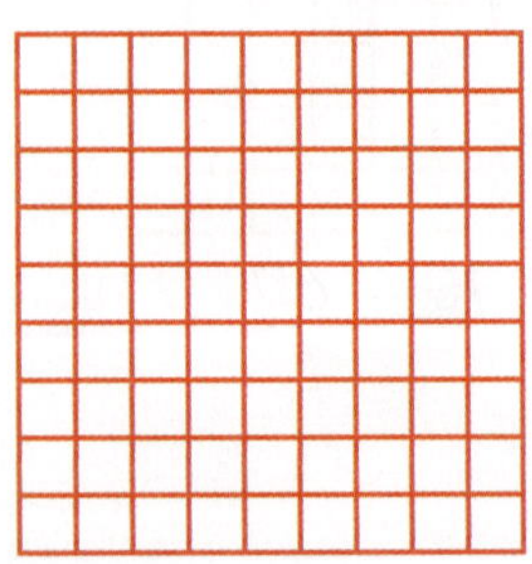

$$\begin{array}{r} 9 \\ \times 9 \\ \hline 81 \end{array}$$

Combinaciones de multiplicación

(página 5 de 5)

Después de haber usado todas estas categorías para practicar las combinaciones de multiplicación, sólo te quedarán unas pocas por aprender.

1 x 1	1 x 2	1 x 3	1 x 4	1 x 5	1 x 6	1 x 7	1 x 8	1 x 9	1 x 10	1 x 11	1 x 12
2 x 1	2 x 2	2 x 3	2 x 4	2 x 5	2 x 6	2 x 7	2 x 8	2 x 9	2 x 10	2 x 11	2 x 12
3 x 1	3 x 2	3 x 3	3 x 4	3 x 5	3 x 6	3 x 7	3 x 8	3 x 9	3 x 10	3 x 11	3 x 12
4 x 1	4 x 2	4 x 3 3 x 4	4 x 4	4 x 5	4 x 6	4 x 7	4 x 8	4 x 9	4 x 10	4 x 11	4 x 12
5 x 1	5 x 2	5 x 3	5 x 4	5 x 5	5 x 6	5 x 7	5 x 8	5 x 9	5 x 10	5 x 11	5 x 12
6 x 1	6 x 2	6 x 3 3 x 6	6 x 4 4 x 6	6 x 5	6 x 6	6 x 7	6 x 8	6 x 9	6 x 10	6 x 11	6 x 12
7 x 1	7 x 2	7 x 3 3 x 7	7 x 4 4 x 7	7 x 5	7 x 6 6 x 7	7 x 7	7 x 8	7 x 9	7 x 10	7 x 11	7 x 12
8 x 1	8 x 2	8 x 3 3 x 8	8 x 4 4 x 8	8 x 5	8 x 6 6 x 8	8 x 7 7 x 8	8 x 8	8 x 9	8 x 10	8 x 11	8 x 12
9 x 1	9 x 2	9 x 3 3 x 9	9 x 4 4 x 9	9 x 5	9 x 6 6 x 9	9 x 7 7 x 9	9 x 8 8 x 9	9 x 9	9 x 10	9 x 11	9 x 12
10 x 1	10 x 2	10 x 3	10 x 4	10 x 5	10 x 6	10 x 7	10 x 8	10 x 9	10 x 10	10 x 11	10 x 12
11 x 1	11 x 2	11 x 3	11 x 4	11 x 5	11 x 6	11 x 7	11 x 8	11 x 9	11 x 10	11 x 11	11 x 12
12 x 1	12 x 2	12 x 3	12 x 4	12 x 5	12 x 6	12 x 7	12 x 8	12 x 9	12 x 10	12 x 11	12 x 12

Mientras practicas todas las combinaciones de multiplicación, encontrarás algunas que "ya conoces" y otras que "estás aprendiendo". Para practicar las combinaciones que te resultan difíciles de recordar, piensa en las combinaciones que ya conoces como "pistas". Aquí hay algunas sugerencias.

$9 \times 8 = 72$ $8 \times 9 = 72$	Pista:	10 x 8 = 80	80 - 8 = 72	
$6 \times 7 = 42$ $7 \times 6 = 42$	Pista:	6 x 5 = 30	6 x 2 = 12	30 + 12 = 42
$4 \times 8 = 32$ $8 \times 4 = 32$	Pista:	2 x 8 = 16	16 + 16 = 32	

Estrategias de multiplicación

(página 1 de 3)

En quinto grado estás aprendiendo a resolver problemas de multiplicación eficazmente.

En un auditorio hay 38 filas de 26 asientos en cada fila. ¿Cuántas personas se pueden sentar en el auditorio?

Descomponer números

Georgia resolvió el problema 38×26 descomponiendo ambos factores.

La solución de Georgia

Primero hallaré cuántas personas se pueden sentar en las primeras 30 filas.

$30 \times 20 = 600$ *En estas primeras 30 filas hay 20 personas en cada fila.*

$30 \times 6 = 180$ *Como aquí hay 6 personas más en cada una de esas 30 filas, ya he ocupado 30 filas.*

Quedan 8 filas por ocupar.

$8 \times 20 = 160$ *En estas últimas 8 filas hay 20 personas en cada fila.*

$8 \times 6 = 48$ *Ahora he ocupado estas últimas 8 filas con 6 personas más en cada fila.*

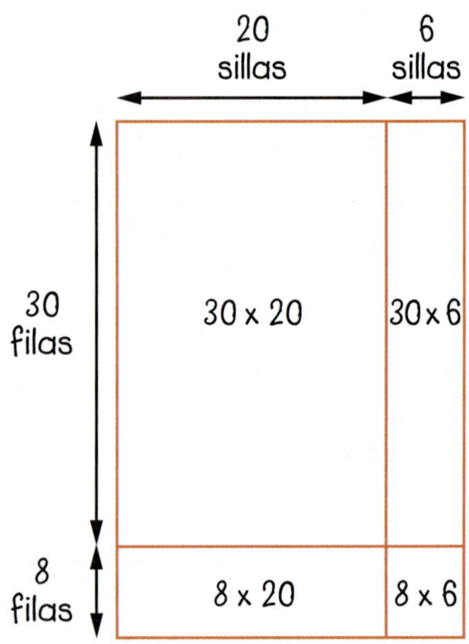

Ahora sumo todas las partes que hallé para obtener la respuesta.

$600 + 180 + 160 + 48 =$ **988**

En el auditorio se pueden sentar **988** personas.

Resuelve 14×24 utilizando este primer paso: $14 \times 20 =$ ___?___

Estrategias de multiplicación

(página 2 de 3)

En un auditorio hay 38 filas y 26 sillas en cada fila.
¿Cuántas personas se pueden sentar en el auditorio?

Cambiar un número para hacer un problema más fácil

Benson resolvió el problema 38 × 26 cambiando el 38 a 40 para crear un problema más sencillo.

La solución de Benson

Voy a imaginar que en el auditorio hay 40 filas en vez de 38.

40 x 26 = 1,040 — *Sé que 10 × 26 = 260. Dupliqué ese número y obtuve 520 y lo dupliqué de nuevo y obtuve 1,040.*

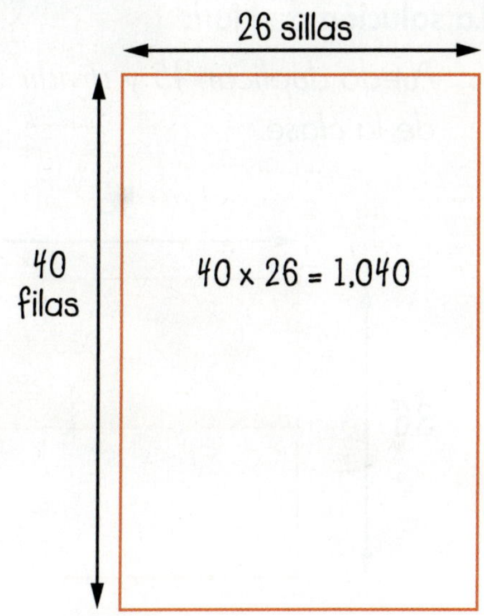

Por tanto, si hubiera 40 filas, 1,040 personas se podrían sentar en el auditorio. Pero como en realidad sólo hay 38 filas, sobran 2 filas de 26 sillas cada una que tengo que restar del total.

2 x 26 = 52 — *Tengo que restar 52. Lo haré en dos partes.*

1,040 – 40 = 1,000 — *Primero, restaré 40.*

1,000 – 12 = 988 — *Luego, restaré 12.*

Por tanto, en el auditorio se pueden sentar **988** personas.

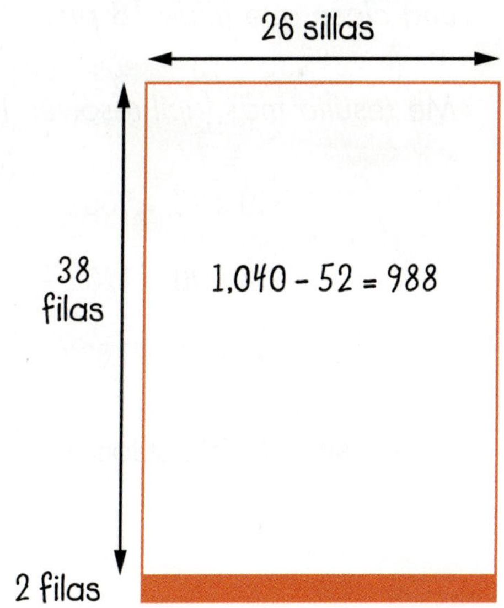

Resuelve 19 × 14 usando este primer paso: 20 × 14 = __?__

Estrategias de multiplicación

(página 3 de 3)

Una clase mide 36 pies por 45 pies. ¿Cuántas baldosas de 1 pie cuadrado se necesitan para cubrir el piso?

Crear un problema equivalente

La solución de Nora

Puedo duplicar 45 y dividir 36 por 2 e imaginar que cambio la forma de la clase.

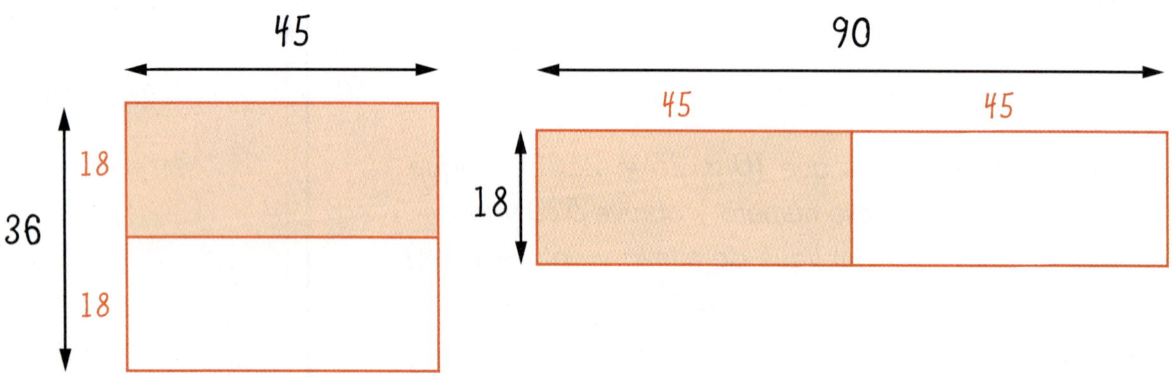

Una clase que mide 36 pies por 45 pies necesita el mismo número de baldosas que una clase que mide 18 pies por 90 pies.

Me resulta más fácil resolver 18 x 90.

10 x 90 = 900

8 x 90 = 720

18 x 90 = **1,620**

Se necesitan **1,620** baldosas para cubrir el piso.

Resuelve: 35 × 22 = __?__ × 11

Expresiones equivalentes en la multiplicación (página 1 de 2)

En una caja grande caben dos veces la cantidad de pastelitos que caben en una caja pequeña.

caja grande caja pequeña

En la pastelería, un cliente ordenó 7 cajas grandes de pastelitos. El pastelero tiene sólo cajas pequeñas. ¿Cuántas cajas pequeñas de pastelitos necesita comprar el cliente para comprar el mismo número de pastelitos?

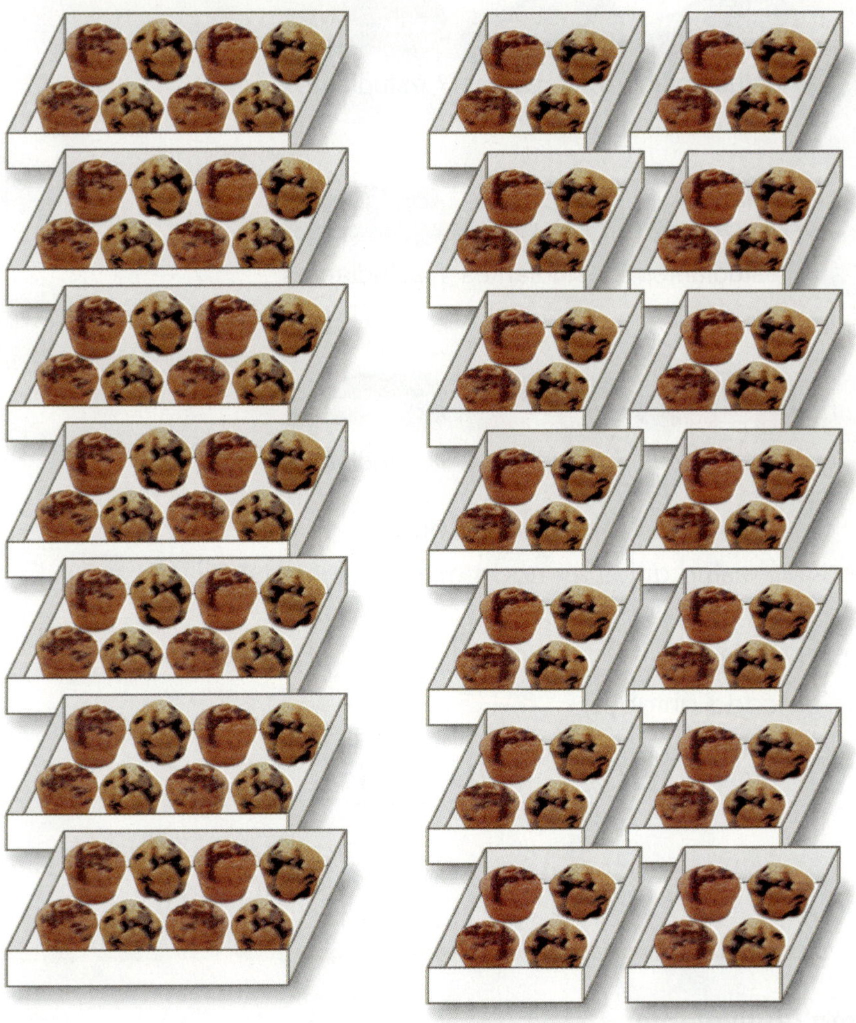

7 cajas con 8 pastelitos en cada caja

14 cajas con 4 pastelitos en cada caja

Las cajas pequeñas tienen la mitad del tamaño de las cajas grandes. El cliente necesita comprar el doble de cajas pequeñas.

el doble

$$7 \times 8 = 14 \times 4$$

la mitad

Expresiones equivalentes en la multiplicación (página 2 de 2)

Los estudiantes de quinto grado van de excursión. Los maestros pensaban llevar 4 autobuses, pero van a tener que usar microbuses en lugar de autobuses. ¿Cuántos microbuses necesitan?

En un autobús caben tres veces la cantidad de estudiantes que en un microbús.

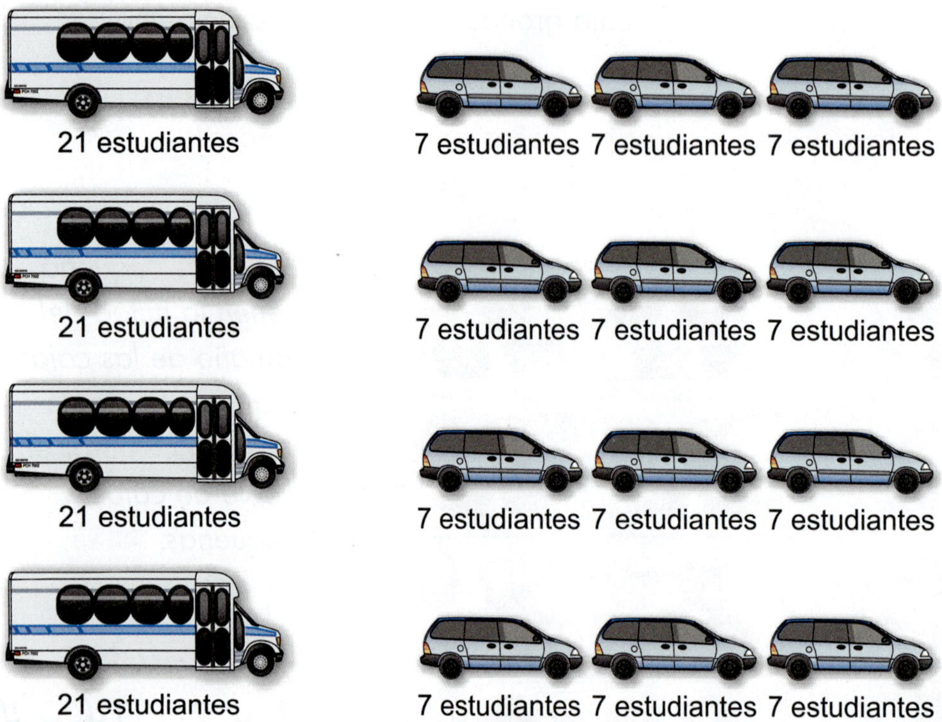

Cuatro autobuses con 21 estudiantes en cada autobús

Doce microbuses con 7 estudiantes en cada microbús

Como en cada microbús cabe un tercio de los estudiantes que caben en cada autobús, los maestros necesitan el triple de microbuses que de autobuses.

el triple

$$4 \times 21 = 12 \times 7$$

un tercio

Crea un problema equivalente:
$4 \times 12 =$ _____ $\times$ _____

Residuos: ¿qué hacer con lo que sobra?

Palabras de matemáticas
- **residuo**

Cuando se te pide que resuelvas un problema de división en contexto, es importante tener en cuenta el residuo para poder responder correctamente la pregunta. A continuación se presentan varios contextos de problemas-cuento para resolver el problema de división 186 ÷ 12.

186 quieren ir de excursión. En un microbús caben 12 personas. ¿Cuántos microbuses necesitan?

En 15 microbuses caben 15 × 12 o 180 personas, pero 6 personas más quieren viajar. Para que puedan viajar todos, necesitan 1 microbús más.

Respuesta: **Necesitan 16 microbuses.**

Hay 186 lápices y 12 estudiantes. Una maestra quiere darle la misma cantidad de lápices a cada estudiante. ¿Cuántos lápices recibirá cada estudiante?

Como no tiene sentido darle medio lápiz más a cada estudiante, la maestra se quedará con los 6 lápices que sobran.

Respuesta: **Cada estudiante recibirá 15 lápices.**

Doce amigos ganaron $186 lavando carros y quieren repartirse el dinero equitativamente. ¿Cuánto dinero recibirá cada amigo?

Un dólar puede ser dividido en cantidades más pequeñas. Cada amigo recibirá $15 y los $6 que sobran los repartirán equitativamente para que cada uno reciba 50¢ más.

Respuesta: **Cada amigo recibirá $15.50.**

12 personas quieren compartir 186 galletas saladas equitativamente. ¿Cuántas galletas recibirá cada persona?

Cada persona recibirá 15 galletas saladas. Cada una de las 6 galletas que sobran puede ser partida en dos mitades para que cada persona reciba media galleta más.

Respuesta: **Cada persona recibirá $15\frac{1}{2}$ galletas saladas.**

Escribe y resuelve un problema-cuento para 153 ÷ 13.

Estrategias de división (página 1 de 2)

En quinto grado estás aprendiendo a resolver problemas de división eficazmente.

Aquí tienes un ejemplo de un problema de división.

Janet tiene 1,780 canicas. Las quiere meter en bolsas, y en cada bolsa caben 32 canicas. ¿Cuántas bolsas puede llenar?

Samantha resolvió este problema multiplicando grupos de 32 hasta llegar a 1,780.

La solución de Samantha

30 x 32 =	960	Hay 960 canicas en 30 bolsas de 32 canicas.
20 x 32 =	640	Hay 640 canicas en 20 bolsas de 32 canicas.
5 x 32 =	160	Hay 160 canicas en 5 bolsas de 32 canicas.
55	1.760	Hay 1.760 canicas en 55 bolsas de 32 canicas.

1.760 es lo más cerca que puedo llegar a 1.780 usando grupos de 32.

Respuesta: 55 R20

Janet puede llenar 55 bolsas y le sobrarán 20 canicas.

Talisha resolvió este problema restando grupos de 32 a 1,780.

La solución de Talisha

32) 1.780	
−640	20 bolsas
1.140	
−640	20 bolsas
500	
−320	10 bolsas
180	
−160	5 bolsas
20	

20 bolsas + 20 bolsas + 10 bolsas + 5 bolsas → **55 bolsas**

20 → **20 canicas que sobran**

Estrategias de división (página 2 de 2)

Aquí hay otro ejemplo de división.

$54\overline{)2{,}500}$

Hana resolvió el problema restando grupos de 54 a 2,500.

La solución de Hana

```
54)2.500
  - 1.080  (20)
    1.420
  - 1.080  (20)
      340
    - 216  (4)
      124
    - 108  (2)
       16   46 R16
```

Walter resolvió este problema multiplicando grupos de 54 hasta llegar a 2,500.

La solución de Walter

10	x	54	=	540		
20	x	54	=	1.080		
(40)	x	54	=	2.160	→	2.160
(4)	x	54	=	216	→	216
(1)	x	54	=	54	→	54
(1)	x	54	=	54	→	54
						2.484

Respuesta: **46 R16**

¿Cómo resolverías este problema? $54\overline{)2{,}500}$

Fracciones, decimales y porcentajes (página 1 de 2)

Palabras de matemáticas
- **fracción**
- **decimal**
- **porcentaje**

Las fracciones, los decimales y los porcentajes son números que se usan para mostrar las partes de un todo.

fracción

$\frac{5}{8}$

parte: 5 camisetas a rayas

todo: 8 camisetas en el grupo

decimal

0.7

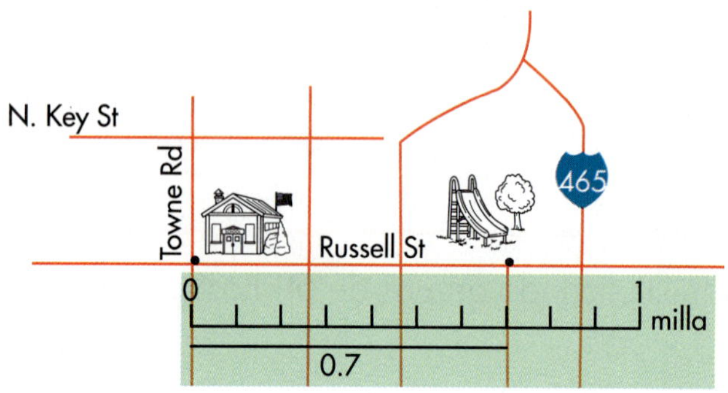

parte: $\frac{7}{10}$ de una milla de la escuela al parque

todo: 1 milla

porcentaje

90%

EXAMEN DE ORTOGRAFÍA 90%
1. geometría
2. cuadriláterro
3. trapecio
4. rombo
5. pentágono
6. hexágono
7. octágono
8. isósceles
9. obtusángulo
10. acutángulo

parte: 9 palabras escritas correctamente

todo: 10 palabras en el examen de ortografía

Busca en periódicos y revistas cómo se usan en la vida diaria las fracciones, los decimales y los porcentajes.

Fracciones, decimales y porcentajes (página 2 de 2)

Las siguientes preguntas se pueden responder usando fracciones, decimales o porcentajes.

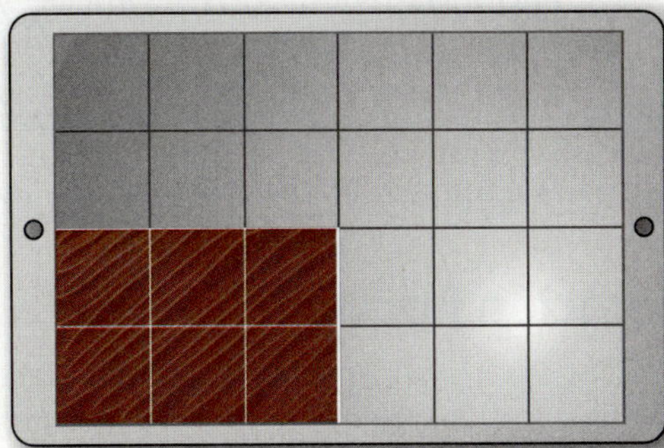

¿Cuántos brownies quedan en la bandeja para hornear?

6 de 24 brownies

Probablemente diríamos:

$\frac{1}{4}$ de los brownies en la bandeja.

También sería correcto decir:

Queda el 25% de los brownies en la bandeja.

Queda el 0.25 de los brownies en la bandeja.

Estos valores son equivalentes porque cada uno representa la misma cantidad.

$$\frac{6}{24} = \frac{1}{4} = 25\% = 0.25$$

En un juego de softbol, Nora fue al bate 6 veces y anotó 3 hits.

Nora anotó un hit $\frac{1}{2}$ de las veces que bateó.

Nora anotó un hit el 50% de las veces que bateó.

El promedio de bateo de Nora en ese juego fue de .500.

Estos valores son equivalentes porque cada uno representa la misma cantidad.

$$\frac{3}{6} = \frac{1}{2} = 50\% = 0.500$$

Fracciones

Palabras de matemáticas
- **fracción**
- **numerador**
- **denominador**

Las fracciones son números.

Algunas fracciones, como $\frac{1}{2}$ y $\frac{3}{4}$, son menores que 1.

Algunas fracciones, como $\frac{2}{2}$ y $\frac{4}{4}$, son iguales a 1.

Algunas fracciones, como $\frac{6}{4}$ y $\frac{3}{2}$, son mayores que 1.

Notación fraccionaria

$\frac{3}{4}$ tres cuartos

El denominador es el número total de partes iguales. → 4

El numerador es el número de partes iguales del total. → 3

Charles cortó una pizza en cuatro pedazos iguales y se comió tres pedazos.

$\frac{3}{4}$

La pizza entera tiene cuatro pedazos iguales. → 4

Charles se comió tres pedazos. → 3

Se comieron 3 de los 4 pedazos.

Samantha tiene 12 canicas en su colección. Nueve doceavos de sus canicas son azules.

$\frac{9}{12}$

Hay 12 canicas en el grupo. → 12

Nueve de las canicas son azules. → 9

9 de las 12 partes iguales son azules.

¿Qué fracción de la pizza sobró?
¿Qué fracción de las canicas no son azules?

Nombrar fracciones

En cada uno de estos ejemplos, un rectángulo entero ha sido dividido en partes iguales.

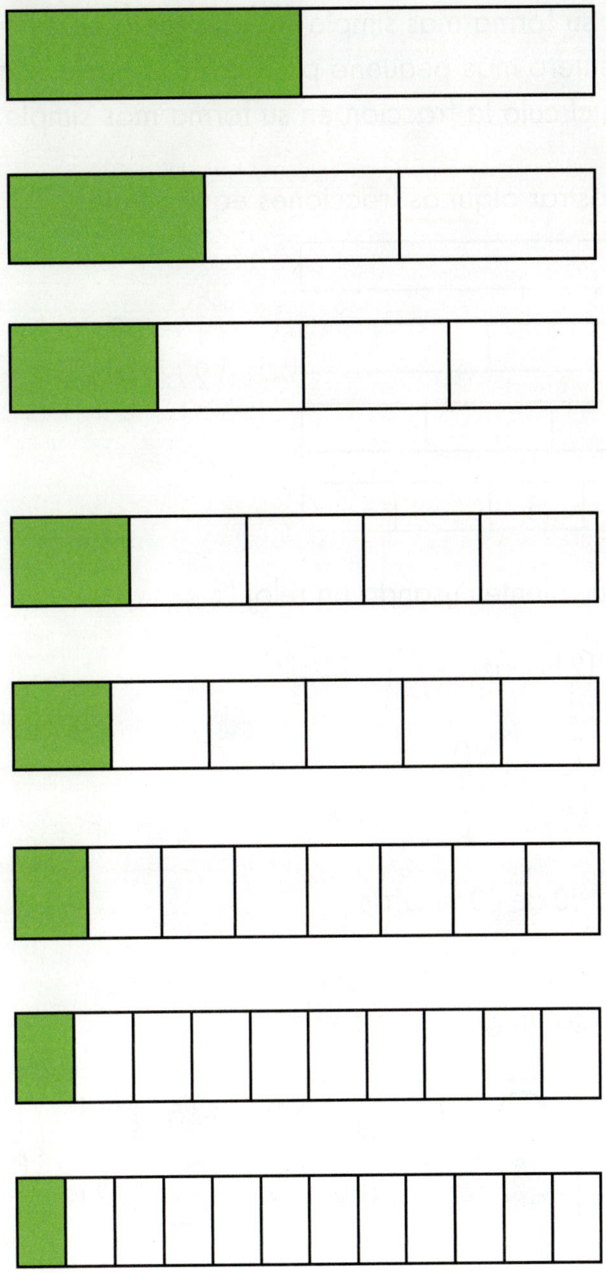

$\frac{1}{2}$ una mitad verde	$\frac{1}{2}$ una mitad blanca
$\frac{1}{3}$ un tercio verde	$\frac{2}{3}$ dos tercios blancos
$\frac{1}{4}$ un cuarto verde	$\frac{3}{4}$ tres cuartos blancos
$\frac{1}{5}$ un quinto verde	$\frac{4}{5}$ cuatro quintos blancos
$\frac{1}{6}$ un sexto verde	$\frac{5}{6}$ cinco sextos blancos
$\frac{1}{8}$ un octavo verde	$\frac{7}{8}$ siete octavos blancos
$\frac{1}{10}$ un décimo verde	$\frac{9}{10}$ nueve décimos blancos
$\frac{1}{12}$ un doceavo verde	$\frac{11}{12}$ once doceavos blancos

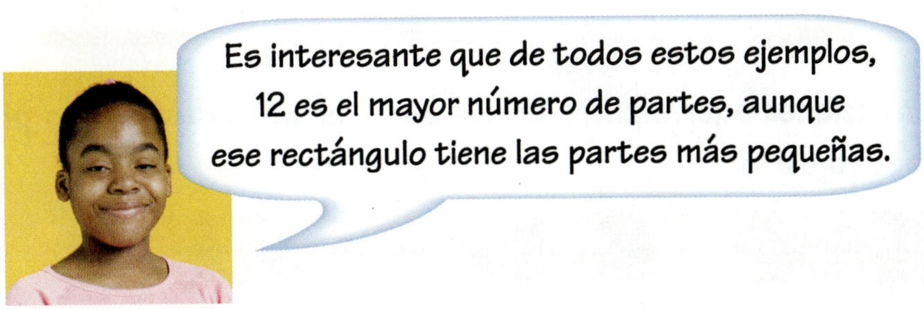

Fracciones equivalentes

Palabras de matemáticas
- **fracciones equivalentes**

Las fracciones diferentes que describen la misma cantidad se llaman fracciones equivalentes.

Una fracción está expresada en su forma más simple cuando tanto el numerador como el denominador son el número entero más pequeño posible de esa fracción. En estos ejemplos se ha encerrado en un círculo la fracción en su forma más simple.

Deon usó tiras de papel para mostrar algunas fracciones equivalentes.

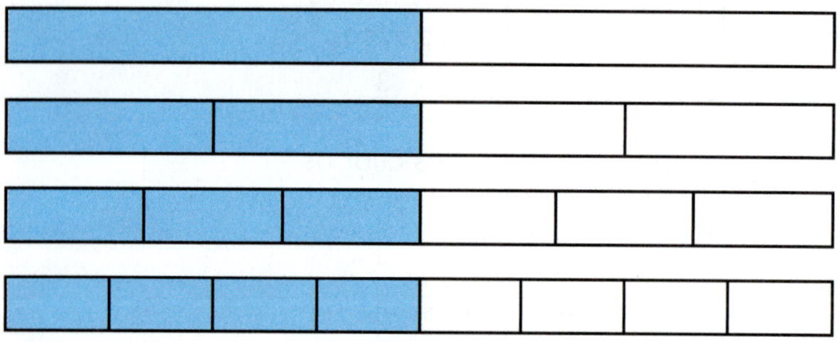

$\frac{1}{2} = \frac{2}{4} = \frac{3}{6} = \frac{4}{8}$

Janet mostró otras fracciones equivalentes usando un reloj.

8 de 12 horas

$\frac{2}{3} = \frac{8}{12} = \frac{40}{60}$

40 de 60 minutos

Lourdes mostró que $\frac{1}{6} = \frac{4}{24}$ usando un grupo de canicas.

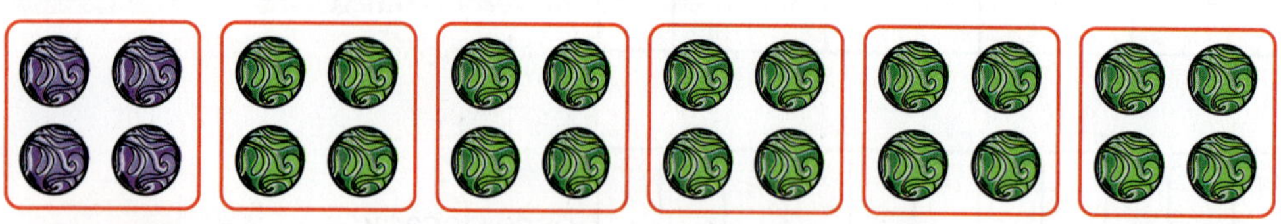

$\frac{1}{6} = \frac{4}{24}$

¿Qué fracciones equivalentes se pueden usar para describir la porción de cubos rojos?

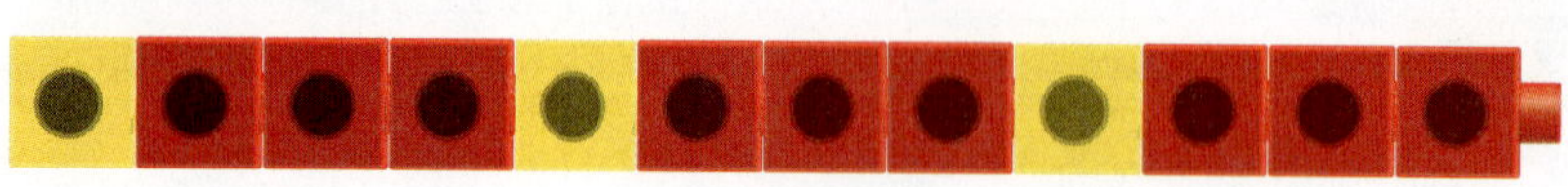

Usar fracciones para cantidades mayores que uno

Palabras de matemáticas
- **número mixto**

Para representar las fracciones mayores que uno, necesitas más de un entero.

Todos estos tableros tienen el mismo tamaño.

Cada tablero está dividido en 4 partes iguales.

Los primeros dos tableros están todos pintados de anaranjado. La parte anaranjada es $\frac{8}{4}$, o 2.

Tres partes del último tablero están pintadas de anaranjado. La parte pintada de anaranjado es $\frac{3}{4}$.

La cantidad total que está pintada de anaranjado es $\frac{11}{4}$, o $2\frac{3}{4}$.

$$\frac{4}{4} + \frac{4}{4} + \frac{3}{4} = \frac{11}{4} = 2\frac{3}{4}$$

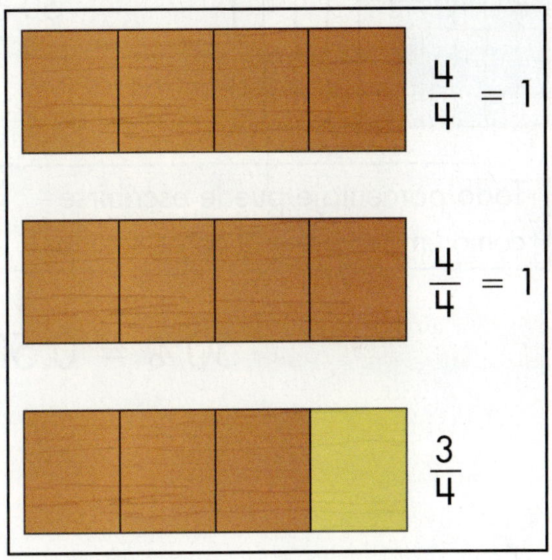

Un número mixto tiene una parte entera y una parte fraccionaria.

número entero → $2\frac{3}{4}$ ← fracción

dos y tres cuartos

Éste es otro ejemplo que usa un reloj como modelo.

La manecilla de la hora empezó en 12. Hizo un giro completo y luego avanzó una hora. El giro total es $1\frac{1}{12}$, o $\frac{13}{12}$ de la esfera del reloj.

¿Cómo puedes representar estas fracciones? $\frac{5}{3}$ $1\frac{1}{6}$

Porcentajes

Palabras de matemáticas
- **porcentaje**

Porcentaje quiere decir "de 100" o "centésimas".

El cincuenta por ciento de este cuadrado de 10×10 está coloreado.

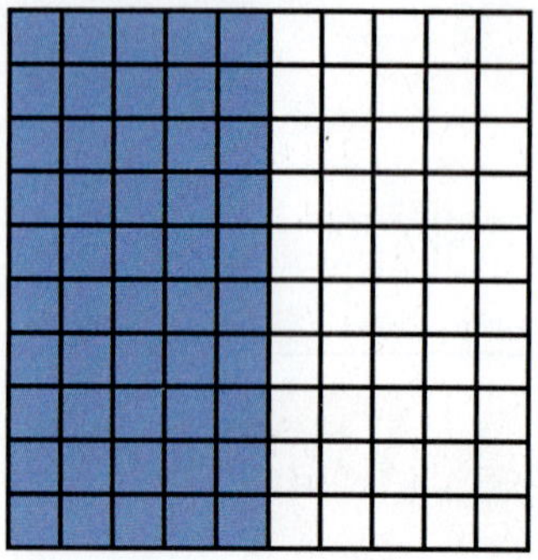

signo de porcentaje

50%
50 de 100

Todo porcentaje puede escribirse como un decimal usando centésimas.

Todo porcentaje puede escribirse como una fracción que tenga 100 en el denominador.

$$50\% = 0.50 = 0.5 = \frac{50}{100} = \frac{1}{2}$$

Los porcentajes también pueden escribirse como otras fracciones y decimales equivalentes.

Aquí tienes otros ejemplos.

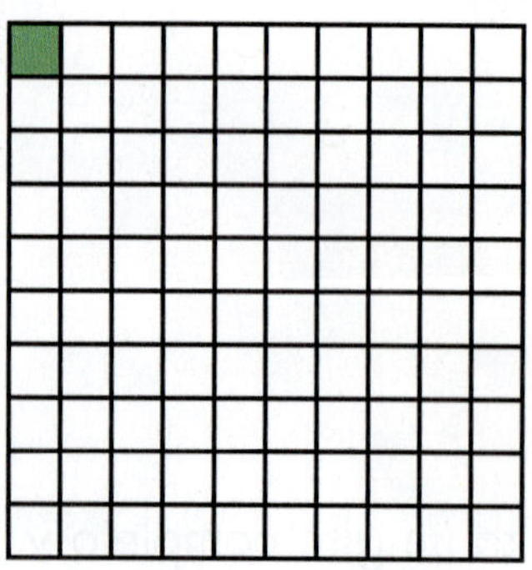

1 de 100

$1\% = 0.01 = \frac{1}{100}$

75 de 100

$75\% = 0.75 = \frac{75}{100} = \frac{3}{4}$

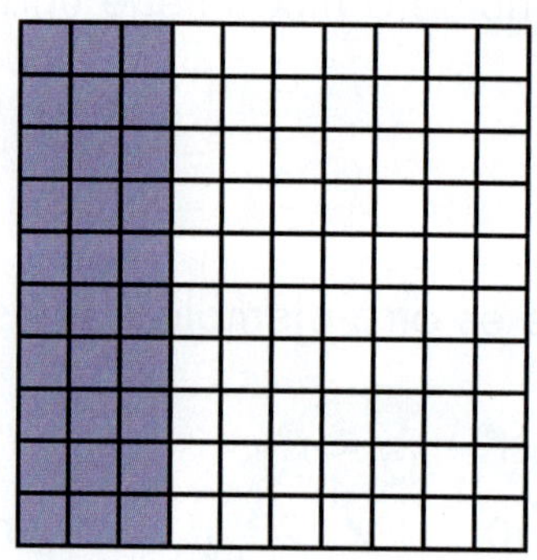

30 de 100

$30\% = 0.30 = 0.3 = \frac{30}{100} = \frac{3}{10}$

Hallar equivalentes fraccionarios y porcentuales

Dos estudiantes usaron cuadrículas de 10 × 10 para hallar los porcentajes equivalentes a fracciones.

Olivia trabajó con $\frac{3}{5}$.

La solución de Olivia

Coloreé $\frac{3}{5}$ en la cuadrícula de 10 × 10.

Como hay cinco grupos de 20 en 100 , cada dos columnas de la cuadrícula de 10 × 10 representan $\frac{1}{5}$.

Coloreé 6 columnas para representar $\frac{3}{5}$.

Al observar la cuadrícula de 10 × 10 veo que $\mathbf{\frac{3}{5} = \frac{60}{100} = 60\%}$.

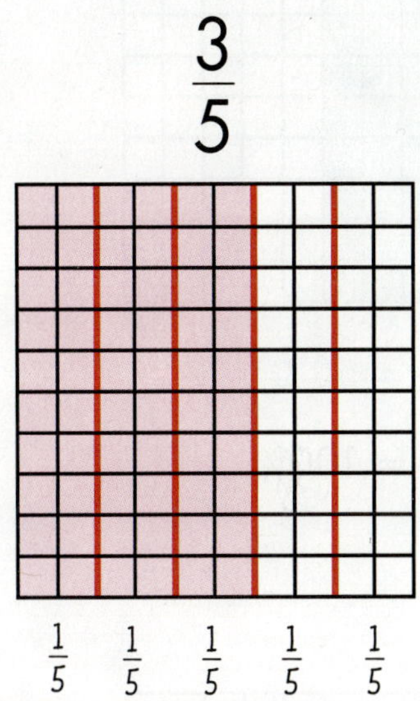

Martin trabajó con $\frac{3}{8}$.

La solución de Martin

Sé que $\frac{2}{8} = \frac{1}{4}$, y que $\frac{1}{4} = 25\%$.

Por tanto, $\frac{2}{8} = 25\%$.

Como $\frac{1}{8}$ es la mitad de $\frac{2}{8}$, $\frac{1}{8}$ es la mitad de 25%, o $12\frac{1}{2}\%$.

$\frac{3}{8} = \frac{2}{8} + \frac{1}{8} = 25\% + 12\frac{1}{2}\% = 37\frac{1}{2}\%$

Por tanto, $\mathbf{\frac{3}{8} = 37\frac{1}{2}\%}$.

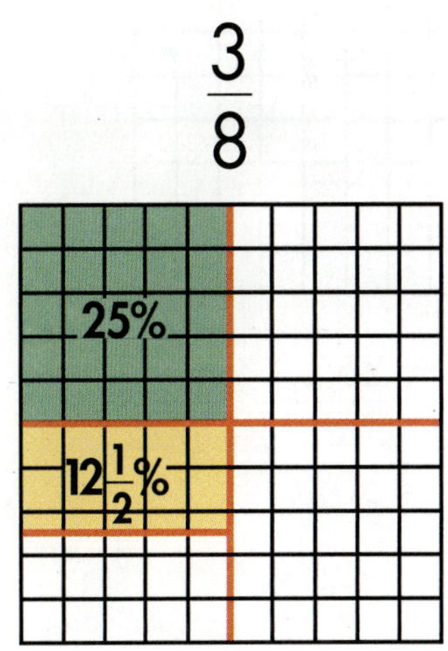

Halla los porcentajes equivalentes a estas fracciones:

$\mathbf{\frac{1}{5}}$ **= _____%** $\mathbf{\frac{5}{8}}$ **= _____%**

Referencia de equivalentes fraccionarios y porcentuales

(página 1 de 2)

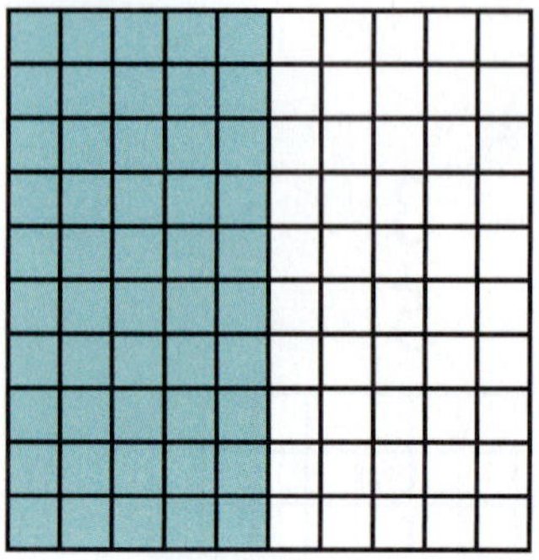

$\frac{1}{2} = 50\%$

$\frac{2}{2} = 100\%$

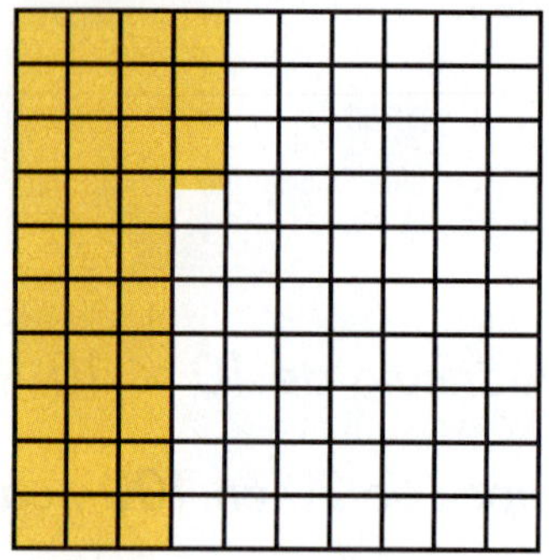

$\frac{1}{3} = 33\frac{1}{3}\%$

$\frac{2}{3} = 66\frac{2}{3}\%$

$\frac{3}{3} = 100\%$

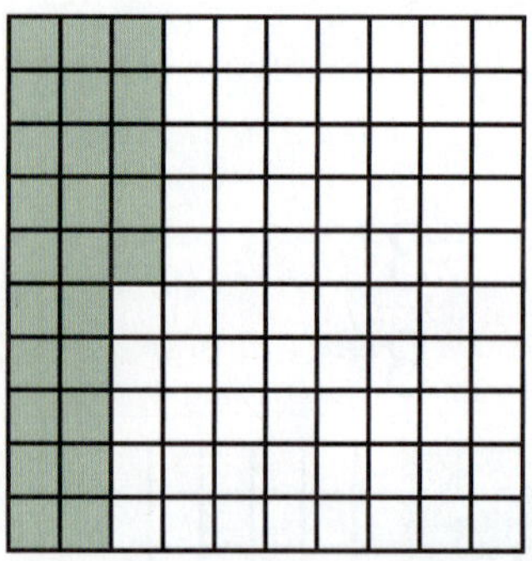

$\frac{1}{4} = 25\%$

$\frac{2}{4} = 50\%$

$\frac{3}{4} = 75\%$

$\frac{4}{4} = 100\%$

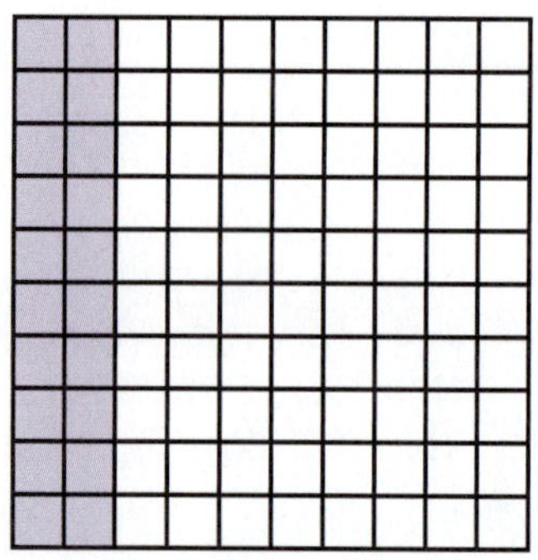

$\frac{1}{5} = 20\%$

$\frac{2}{5} = 40\%$

$\frac{3}{5} = 60\%$

$\frac{4}{5} = 80\%$

$\frac{5}{5} = 100\%$

Referencia de equivalentes fraccionarios y porcentuales

(página 2 de 2)

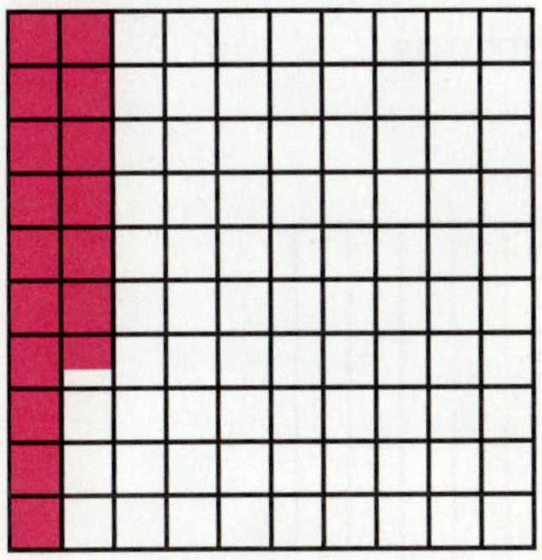

$\frac{1}{6} = 16\frac{2}{3}\%$

$\frac{2}{6} = 33\frac{1}{3}\%$

$\frac{3}{6} = 50\%$

$\frac{4}{6} = 66\frac{2}{3}\%$

$\frac{5}{6} = 83\frac{1}{3}\%$

$\frac{6}{6} = 100\%$

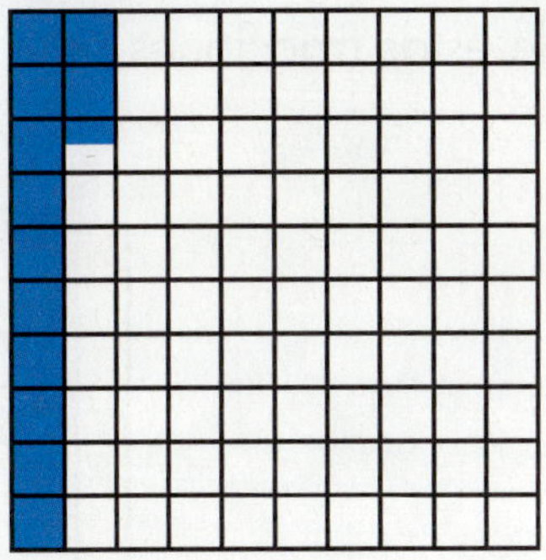

$\frac{1}{8} = 12\frac{1}{2}\%$

$\frac{2}{8} = 25\%$

$\frac{3}{8} = 37\frac{1}{2}\%$

$\frac{4}{8} = 50\%$

$\frac{5}{8} = 62\frac{1}{2}\%$

$\frac{6}{8} = 75\%$

$\frac{7}{8} = 87\frac{1}{2}\%$

$\frac{8}{8} = 100\%$

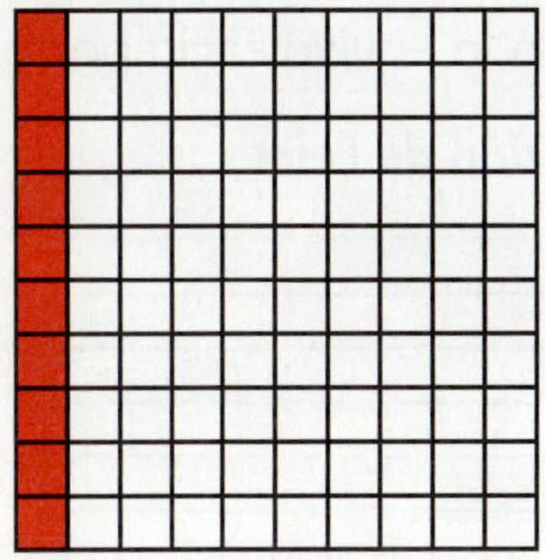

$\frac{1}{10} = 10\%$

$\frac{2}{10} = 20\%$

$\frac{3}{10} = 30\%$

$\frac{4}{10} = 40\%$

$\frac{5}{10} = 50\%$

$\frac{6}{10} = 60\%$

$\frac{7}{10} = 70\%$

$\frac{8}{10} = 80\%$

$\frac{9}{10} = 90\%$

$\frac{10}{10} = 100\%$

Comparar y ordenar fracciones (página 1 de 2)

¿Cuál es mayor, $\frac{3}{5}$ o $\frac{2}{3}$?

Félix usó la equivalencia porcentual de estas fracciones para compararlas.

La solución de Félix

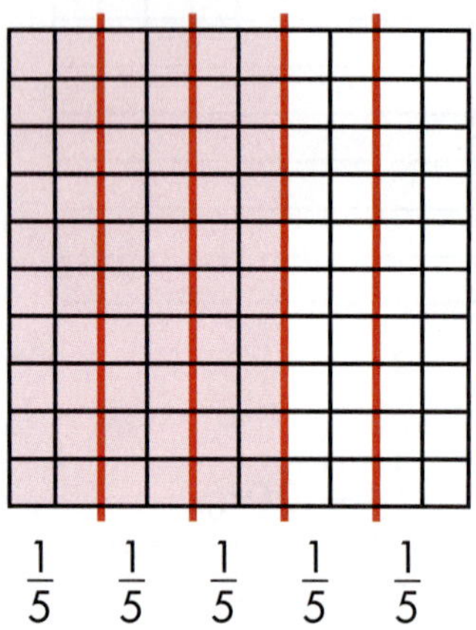

Sé que $\frac{1}{5} = 20\%$ porque $5 \times 20 = 100$. Por tanto, $\frac{3}{5} = 60\%$.

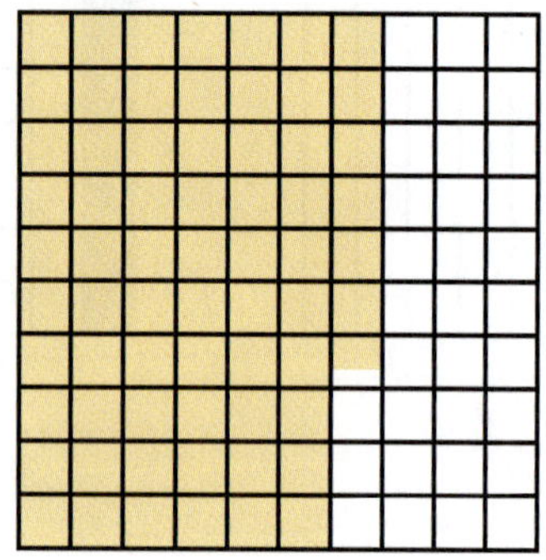

Sé que $\frac{1}{3}$ de $100 = 30 + 3 + \frac{1}{3}$ o $33\frac{1}{3}$. Por tanto, $\frac{2}{3}$ de 100 es el doble de eso: $60 + 6 + \frac{2}{3}$ o $66\frac{2}{3}\%$.

$\frac{2}{3}$ es mayor que $\frac{3}{5}$.

$$\mathbf{\frac{2}{3} > \frac{3}{5}}$$

Alicia y Rachel compraron una pizza cada una para el almuerzo. Ambas pizzas tenían el mismo tamaño. Alicia cortó su pizza en 8 pedazos iguales y se comió 7 pedazos. Rachel cortó su pizza en 6 pedazos iguales y se comió 5 pedazos. ¿Quién comió más pizza?

Stuart comparó las cantidades de pizza que sobraron.

La solución de Stuart

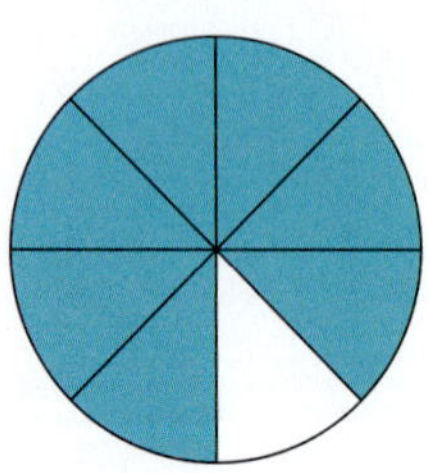

A Alicia le sobró $\frac{1}{8}$.

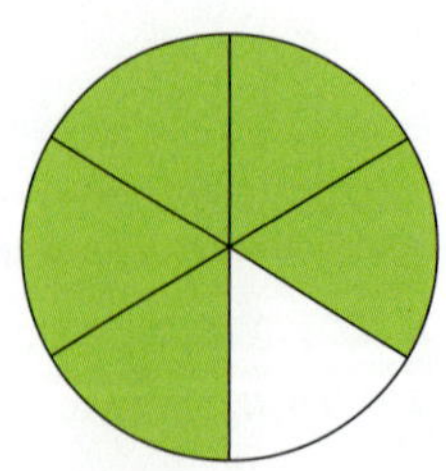

A Rachel le sobró $\frac{1}{6}$.

Como $\frac{1}{8}$ es menor que $\frac{1}{6}$, Alicia comió más pizza que Rachel. $\mathbf{\frac{7}{8} > \frac{5}{6}}$

Comparar y ordenar fracciones (página 2 de 2)

¿Cuál es el orden de estas fracciones de menor a mayor?

$$\frac{7}{8}, \frac{7}{12}, \frac{4}{10}$$

Hana usó lo que sabía sobre $\frac{1}{2}$ y 1 para poner estas fracciones en orden.

La solución de Hana

$\frac{7}{8}$ es la mayor. Está cerca de 1.

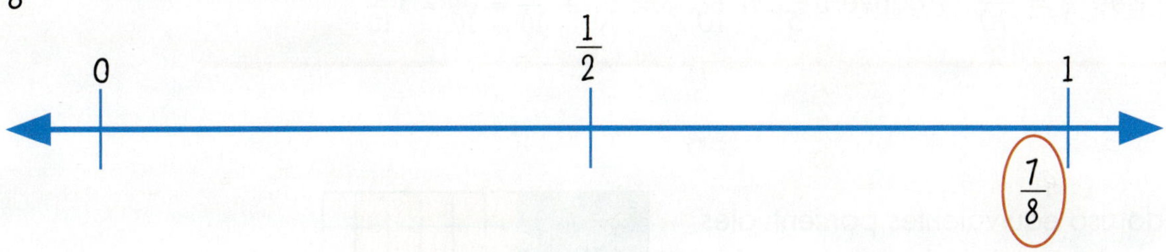

$\frac{1}{2} = \frac{6}{12}$, por tanto, $\frac{7}{12}$ es un poco mayor que $\frac{1}{2}$.

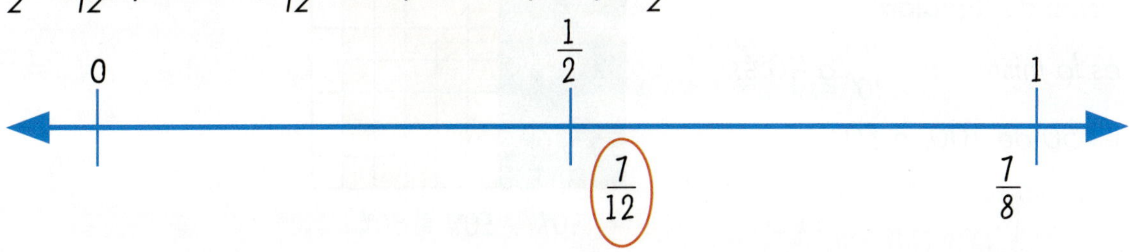

$\frac{1}{2} = \frac{5}{10}$, por tanto, $\frac{4}{10}$ es un poco menor que $\frac{1}{2}$.

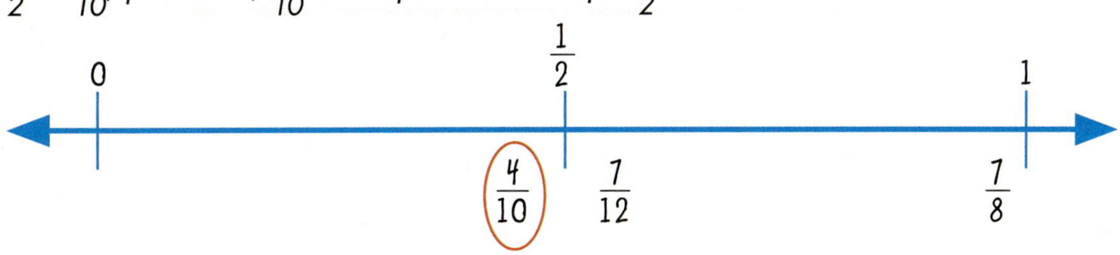

Por tanto, en orden de menor a mayor, las fracciones son $\frac{4}{10}, \frac{7}{12}, \frac{7}{8}$.

¿Cuál es mayor, $\frac{3}{4}$ o $\frac{4}{5}$?

Sumar fracciones (página 1 de 2)

$$\frac{1}{2} + \frac{3}{5} =$$

Samantha usó tiras coloreadas para resolver este problema.

La solución de Samantha

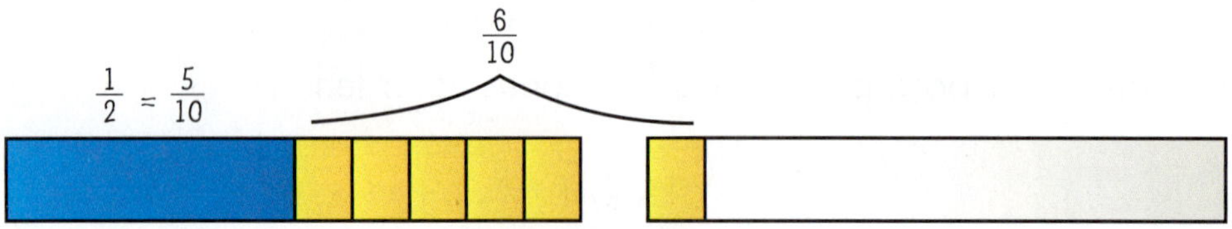

Sé que $\frac{1}{2} = \frac{5}{10}$, y convertí $\frac{3}{5}$ en $\frac{6}{10}$.

$\frac{5}{10} + \frac{6}{10} = \frac{11}{10} = \mathbf{1\frac{1}{10}}$

$$\frac{2}{5} + \frac{1}{2} =$$

Renaldo usó equivalentes porcentuales para resolver este problema.

La solución de Renaldo

$\frac{2}{5}$ es lo mismo que $\frac{4}{10}$, o 40%.

$\frac{1}{2}$ es 50 de 100, o 50%.

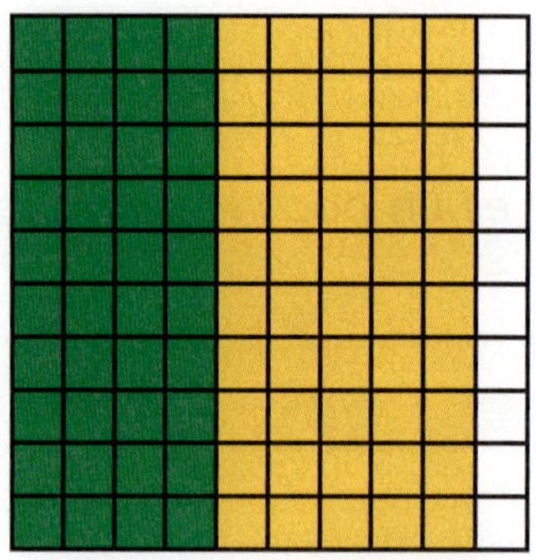

40% + 50% = 90%

$\frac{2}{5} + \frac{1}{2} = \mathbf{\frac{9}{10}}$

$$\frac{1}{2} + \frac{1}{6} =$$

Tamira usó una recta numérica para resolver este problema.

La solución de Tamira

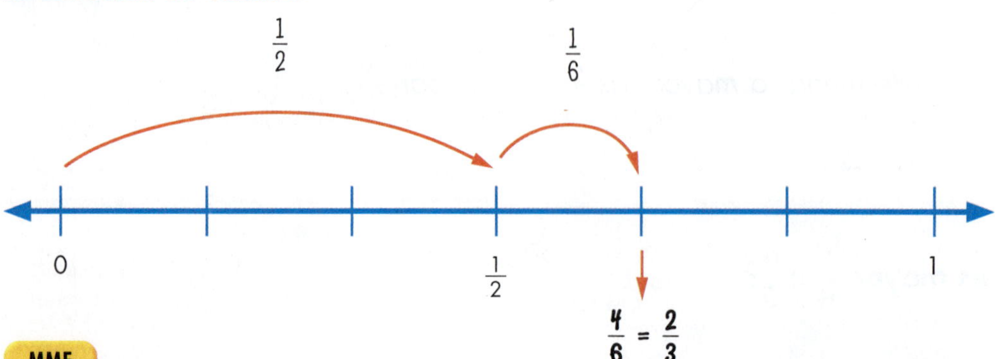

Sumar fracciones (página 2 de 2)

$$\frac{3}{4} + \frac{1}{6} =$$

Deon usó un reloj para resolver este problema.

La solución de Deon

Si comienzas en las 12:00 y giras la manecilla $\frac{3}{4}$ de una vuelta, llegarás a las 9:00.

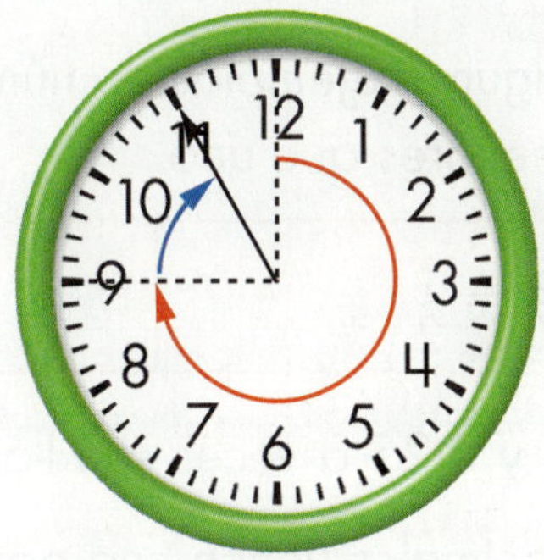

Si giras $\frac{1}{6}$ avanzarás 2 horas más y llegarás a las 11:00.

Eso es equivalente a $\frac{11}{12}$ de un giro completo en la esfera del reloj.

Por tanto, $\frac{3}{4} + \frac{1}{6} = \mathbf{\frac{11}{12}}$.

$$\frac{3}{4} + \frac{5}{8} + \frac{1}{2} =$$

Yumiko usó tiras coloreadas para resolver este problema.

La solución de Yumiko

Como $\frac{3}{4}$ y $\frac{5}{8}$ son mayores que $\frac{1}{2}$, la respuesta será más que 1 entero.

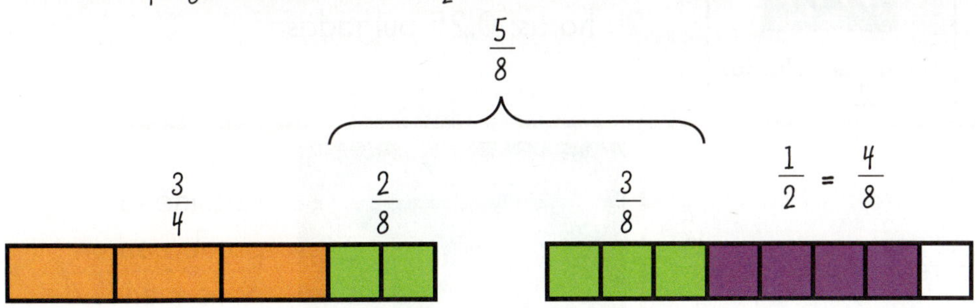

$\frac{3}{4} + \frac{2}{8} = 1$

$\frac{3}{8} + \frac{1}{2} = \frac{7}{8}$

$1 + \frac{7}{8} = \mathbf{1\frac{7}{8}}$

$\frac{5}{6} + \frac{1}{3} =$ ______ $\frac{7}{8} + \frac{1}{2} + \frac{1}{4} =$ ______

Decimales

Palabras de matemáticas
- **decimal**

El sistema que usamos para escribir números se llama sistema numérico decimal. La palabra *decimal* significa que el número está basado en decenas.

Algunos números, como 2.5 y 0.3, tienen un punto decimal. Los dígitos que están a la derecha del punto decimal son la parte del número que es menor que 1.

Aquí se muestran algunos ejemplos de números decimales que, como podrás darte cuenta, son menores que uno.

$0.5 = \frac{5}{10} = \frac{1}{2}$	$0.25 = \frac{25}{100} = \frac{1}{4}$

Números como 0.5 y 0.25 a veces son llamados fracciones decimales.

Algunos números decimales tienen una parte entera y una parte que es menor que uno, igual que los números mixtos.

$1.5 = 1\frac{5}{10} = 1\frac{1}{2}$	$12.75 = 12\frac{75}{100} = 12\frac{3}{4}$

Aquí se muestran algunos ejemplos de cómo usamos los números decimales en nuestra vida diaria:

Precipitación total en las últimas 24 horas: 0.25 pulgadas.

El recorrido mide un poco más de 26 millas.

Terminó la prueba en un poco menos de 31 segundos.

Escribe un número decimal que sea ...un poco más que 12.
...casi 6.
...más que $\frac{3}{4}$ pero menos que 1.

Representar decimales

(página 1 de 2)

Palabras de matemáticas
- **décimas**
- **centésimas**

Cada uno de los siguientes cuadrados ha sido dividido en partes iguales y se indica la cantidad sombreada.

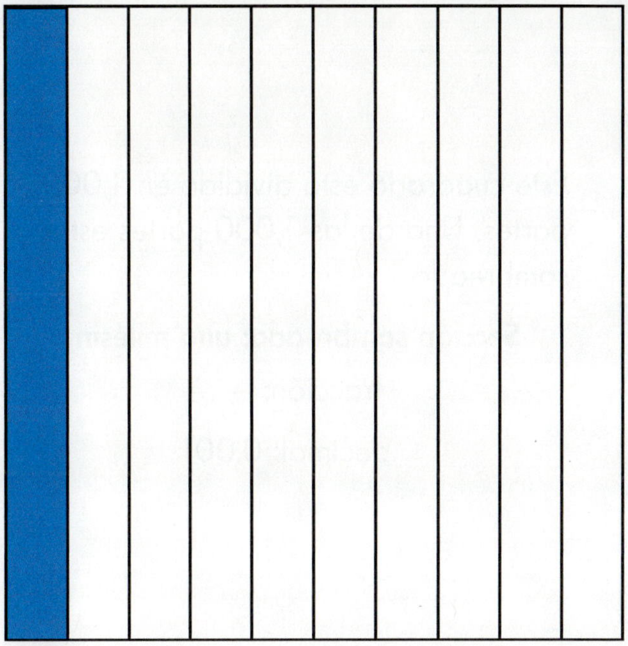

Este cuadrado está dividido en 10 partes. Una de las 10 partes está sombreada.

Sección sombreada: una décima

fracción: $\frac{1}{10}$

decimal: 0.1

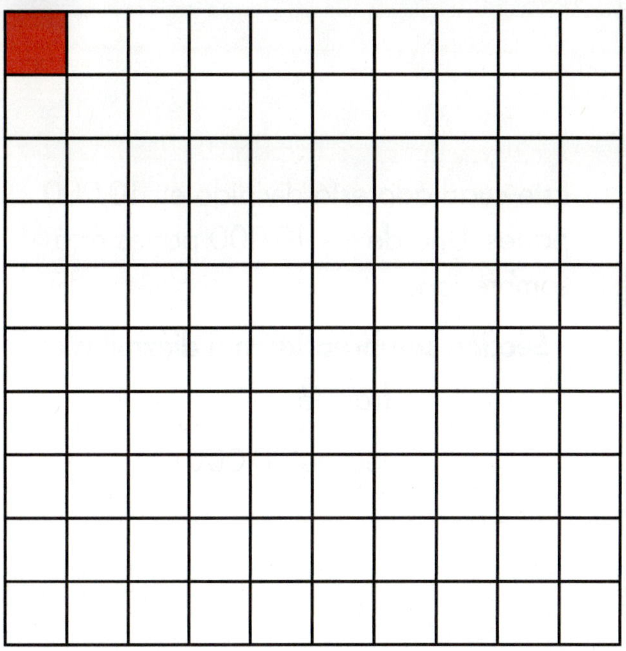

Este cuadrado está dividido en 100 partes. Una de las 100 partes está sombreada.

Sección sombreada: una centésima

fracción: $\frac{1}{100}$

decimal: 0.01

Representar decimales

(página 2 de 2)

Palabras de matemáticas
- **milésimas**
- **diezmilésimas**

Cada uno de los siguientes cuadrados ha sido dividido en partes iguales y se indica la cantidad sombreada.

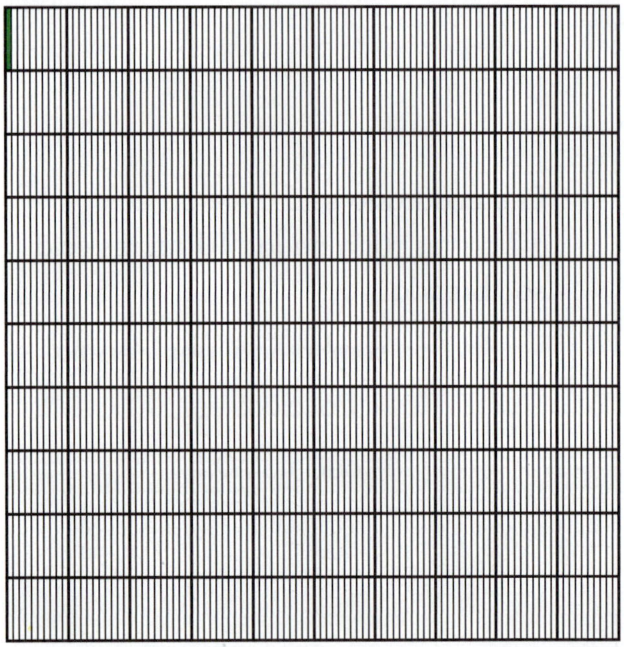

Este cuadrado está dividido en 1,000 partes. Una de las 1,000 partes está sombreada.

Sección sombreada: una milésima

fracción: $\frac{1}{1000}$

decimal: 0.001

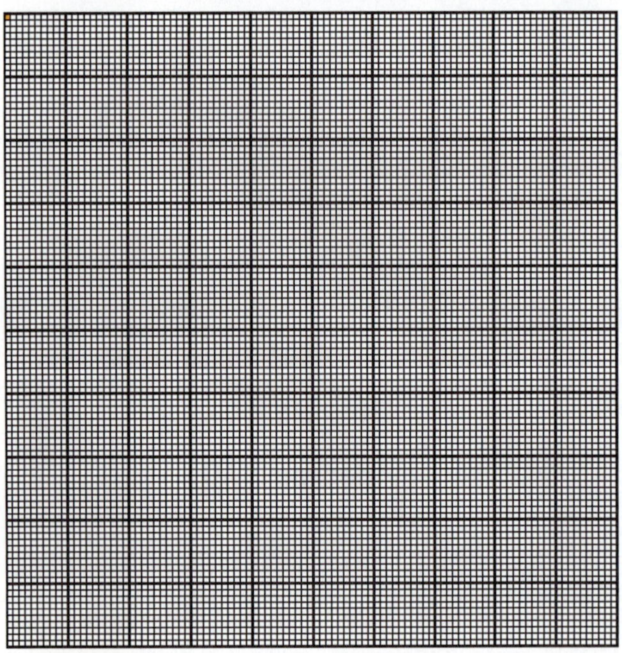

Este cuadrado está dividido en 10,000 partes. Una de las 10,000 partes está sombreada.

Sección sombreada: una diezmilésima

fracción: $\frac{1}{10000}$

decimal: 0.0001

¿Puedes probar que un cuadrado de milésimas ha sido dividido en mil partes sin contar cada parte?

Valor de posición de los decimales

Palabras de matemáticas
- **punto decimal**

En un número decimal, al igual que en un número entero, el valor de un dígito cambia según el lugar que ocupe en dicho número.

_____ , _____ _____ _____ . _____ _____ _____

millares centenas decenas unidades décimas centésimas milésimas

punto decimal

En los siguientes ejemplos, el dígito 5 tiene diferentes **valores:**

0.5

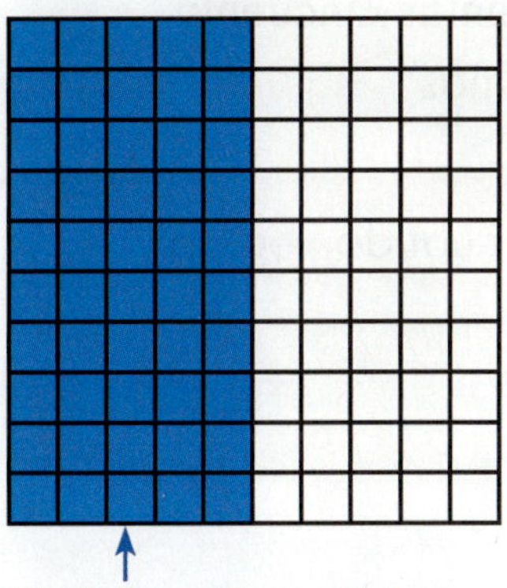

El dígito 5 en el lugar de las **décimas** representa $\frac{5}{10}$.

0.45

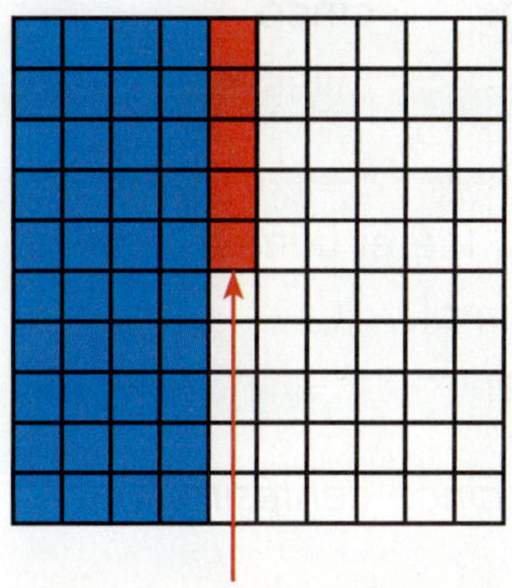

El dígito 5 en el lugar de las **centésimas** representa $\frac{5}{100}$.

0.625

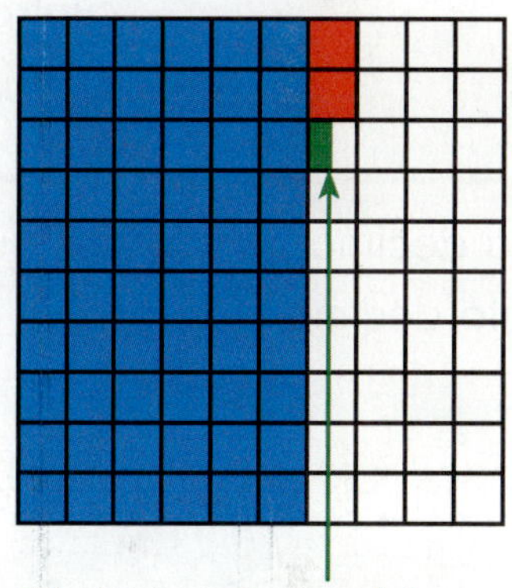

El dígito 5 en el lugar de las **milésimas** representa $\frac{5}{1,000}$.

Observa los valores de los dígitos en este número:

1.375 (uno y trescientas setenta y cinco milésimas $1\frac{375}{1,000}$)

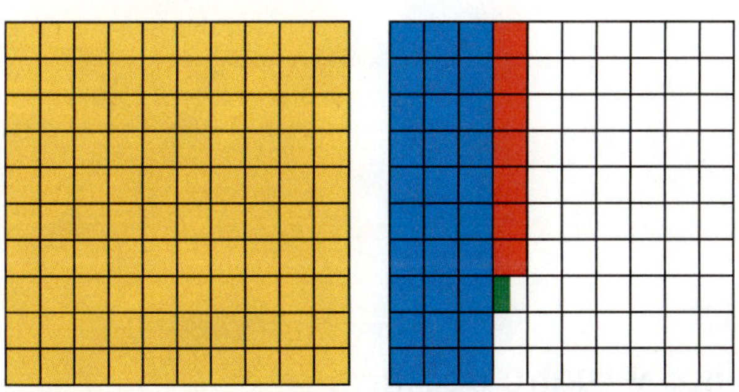

1 El dígito 1 representa un entero.
0.3 El dígito 3 representa tres décimas.
0.07 El dígito 7 representa siete centésimas.
0.005 El dígito 5 representa cinco milésimas.

1.375 = 1 + 0.3 + 0.07 + 0.005

Escribir y leer decimales

La cantidad de dígitos que hay después del punto decimal indica cómo debe ser leído el número decimal.

0 . __ un dígito	0.4 cuatro décimas	0.5 cinco décimas	0.7 siete décimas
0 . __ __ dos dígitos	0.40 cuarenta centésimas	0.05 cinco centésimas	0.35 treinta y cinco centésimas
0 . __ __ __ tres dígitos	0.400 cuatrocientas milésimas	0.005 cinco milésimas	0.250 doscientas cincuenta milésimas

Para decimales mayores que uno, lee el número entero, di "y" cuando veas el punto decimal y luego lee el decimal.

3	.	75
tres	*y*	*setenta y cinco centésimas*
10	.	5
diez	*y*	*cinco décimas*
200	.	05
doscientos	*y*	*cinco centésimas*
17	.	345
diecisiete	*y*	*trescientas cuarenta y cinco milésimas*

Di en voz alta este número: 40.35
Escribe este número: trescientos cinco y cuatro décimas.

Decimales, fracciones y porcentajes equivalentes

(página 1 de 2)

Describe la parte sombreada de este cuadrado de 10 × 10 de diferentes maneras.

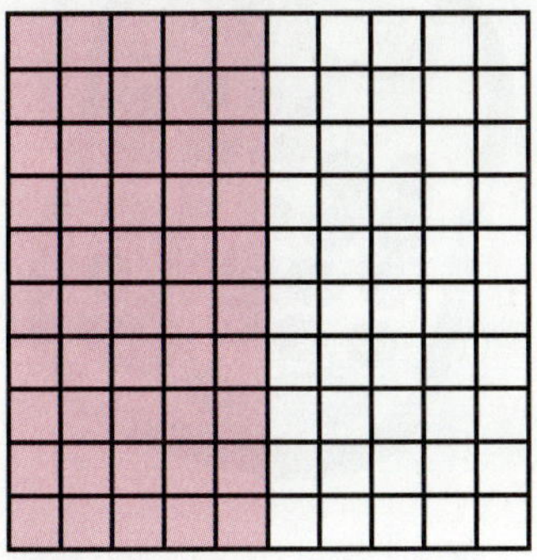

¿Cuántas décimas están sombreadas?

0.5 (5 de las 10 columnas están sombreadas)

¿Cuántas centésimas están sombreadas?

0.50 (50 de los 100 cuadrados están sombreados)

Estos decimales son iguales: 0.5 = 0.50

Hay muchas maneras de representar la misma parte de un entero usando decimales, fracciones y porcentajes.

$$0.5 = 0.50 = \frac{1}{2} = \frac{5}{10} = \frac{50}{100} = 50\%$$

Mira este cuadrado de 10 × 10.

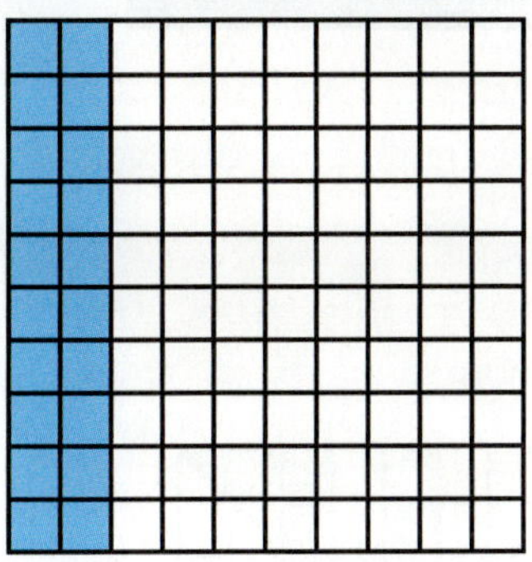

¿Cuántas décimas están sombreadas?

0.2 (2 de las 10 columnas están sombreadas)

¿Cuántas centésimas están sombreadas?

0.20 (20 de los 100 cuadrados están sombreados)

$$0.2 = 0.20 = \frac{2}{10} = \frac{1}{5} = \frac{20}{100} = 20\%$$

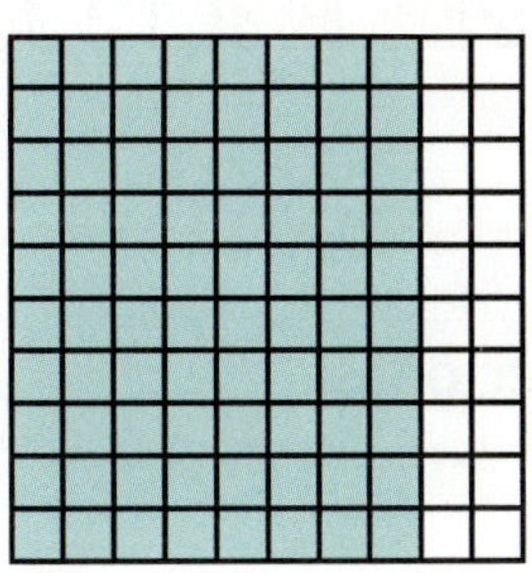

¿Cuántas décimas están sombreadas?
¿Cuántas centésimas están sombreadas?
¿Qué parte fraccionaria está sombreada?
¿Qué porcentaje está sombreado?

Decimales, fracciones y porcentajes equivalentes

(página 2 de 2)

Halla los equivalentes decimales de $\frac{1}{8}$, de $\frac{4}{8}$ y de $\frac{5}{8}$.

Varios estudiantes usaron distintas estrategias para hallar la solución a este problema.

La solución de Tavon

Usé mi calculadora para hallar $\frac{1}{8}$. La fracción $\frac{1}{8}$ es lo mismo que $1 \div 8$. La respuesta en ambos casos es 0.125.

$$\frac{1}{8} = 0.125$$

La solución de Margaret

Obtuve la misma respuesta de otra manera.

$\frac{1}{8}$ es la mitad de $\frac{1}{4}$ y $\frac{1}{4} = 25\%$. Por tanto, $\frac{1}{8}$ es la mitad de 25%. Esa cantidad es $12\frac{1}{2}\%$, o 0.125.

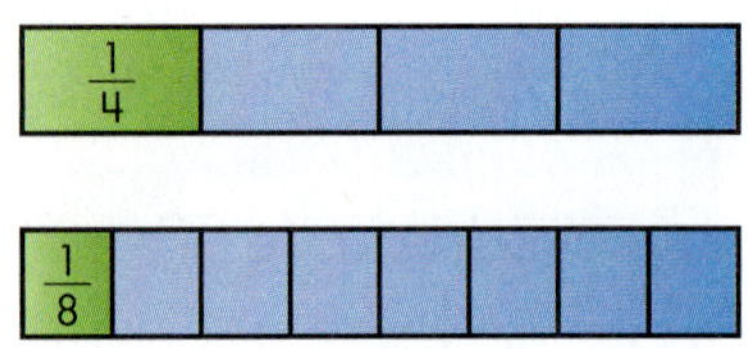

$$\frac{1}{8} = 0.125$$

La solución de Avery

Para resolver $\frac{4}{8}$, pensé en fracciones equivalentes.

$\frac{4}{8}$ es fácil porque es lo mismo que $\frac{1}{2}$.

$$\frac{4}{8} = \frac{1}{2} = 0.5$$

La solución de Samantha

Imaginé $\frac{5}{8}$ sombreados en una cuadrícula de 10×10.

Esa cantidad completa $\frac{1}{2}$ y un octavo más.

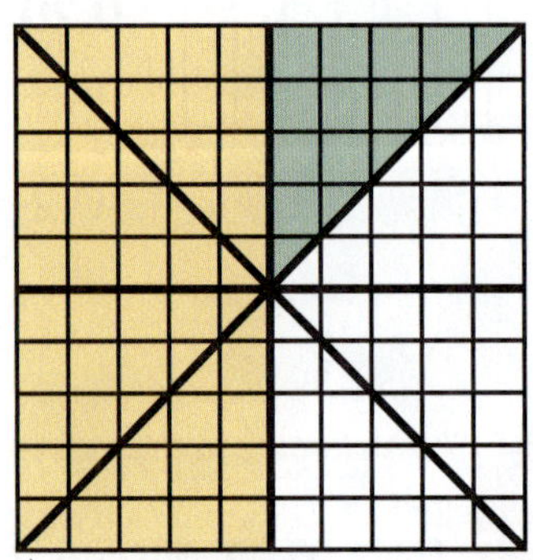

$$\frac{5}{8} = \frac{1}{2} + \frac{1}{8}$$

$$= 50\% + 12\frac{1}{2}\%$$

$$= 62\frac{1}{2}\%$$

$$\frac{5}{8} = 0.625$$

Halla los equivalentes decimales de estas fracciones:

$\frac{6}{8}$ $\frac{7}{8}$ $\frac{8}{8}$

Comparar y ordenar decimales (página 1 de 2)

¿Cuál es mayor 0.35 o 0.6?

La solución de Rachel

Rachel usó cuadrados de 10 × 10 para comparar los decimales.

Pensé que 0.35 es un número más grande porque tiene más dígitos. Pero cuando dibujé el diagrama, vi que 0.6 es lo mismo que $\frac{60}{100}$, que es mayor que $\frac{35}{100}$.

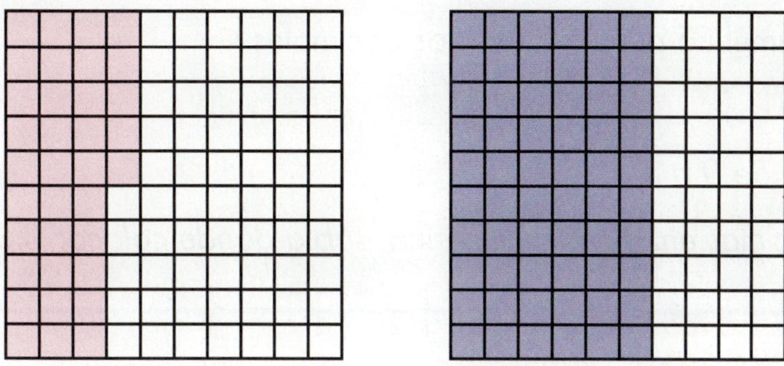

35 es mayor que 6, pero 0.35 no es mayor que 0.6.

$0.35 = \frac{35}{100}$　　　$0.6 = \frac{6}{10} = \frac{60}{100}$

$0.35 < 0.6$

Tres estudiantes participaron en una carrera de 400 metros.

Ordena sus tiempos del más rápido al más lento.

El tiempo con el menor número de segundos es el más rápido.

Walter tuvo en cuenta el valor de posición para ordenar los tiempos.

La solución de Walter

Primer lugar:	Martin, 50.90 segundos	*Miré los números enteros. Como 50 < 51, 50.90 es el tiempo más rápido.*
Segundo lugar:	Stuart, 51.04 segundos	*Tanto Stuart como Charles terminaron en un poco más de 51 segundos. Como 4 centésimas es menor que 12 centésimas, Stuart corrió más rápido que Charles.*
Tercer lugar:	Charles, 51.12 segundos	

Comparar y ordenar decimales (página 2 de 2)

¿Cuál es el orden de estos decimales de menor a mayor?

0.8 ocho décimas	0.55 cincuenta y cinco centésimas	0.625 seiscientas veinticinco milésimas

Samantha usó una recta numérica para ordenar los decimales.

La solución de Samantha

Usé una recta numérica de 0 a 1.

Cuando marqué las décimas en la recta numérica, sabía dónde colocar 0.8.

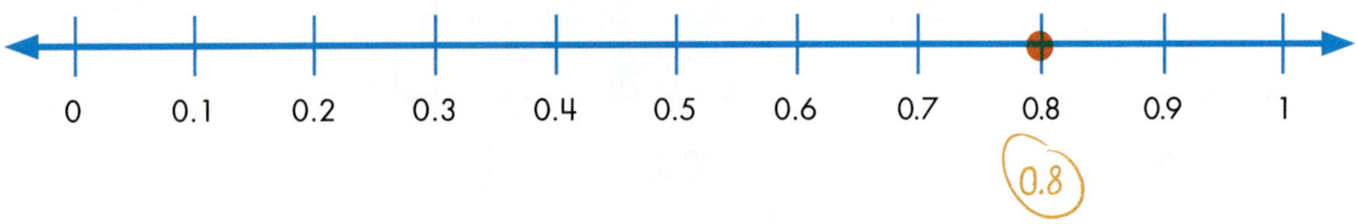

Como 0.55 está entre 0.50 y 0.60, lo coloqué entre el 0.5 y el 0.6.

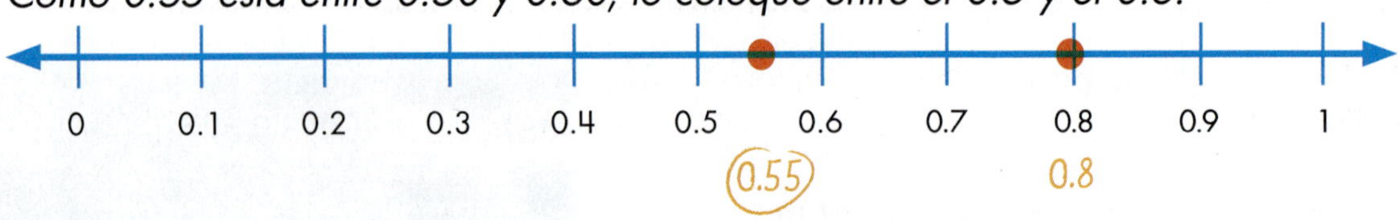

0.625 es un poco mayor que 0.6.

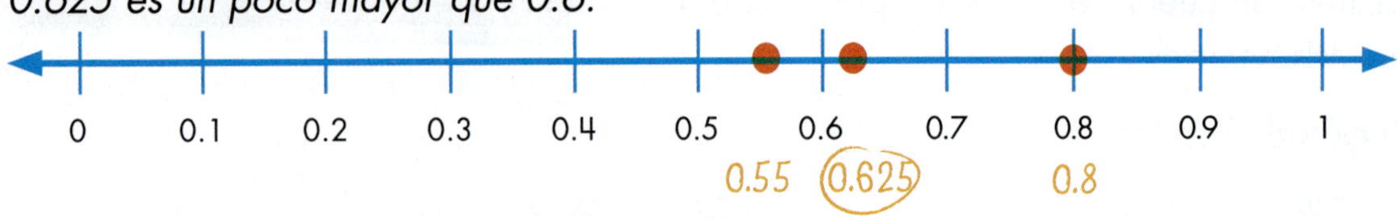

$0.55 < 0.625 < 0.8$

¿Cuál es mayor, 0.65 o 0.4?
¿Cuál es mayor, 0.4 o 0.375?

Sumar decimales (página 1 de 3)

Deon, Alicia y Zachary usaron distintas estrategias para sumar los siguientes decimales.

0.4 + 0.25 =

La solución de Deon

Usé distintos colores para colorear los decimales en una cuadrícula de 10 × 10.

*El total es 6 décimas y 5 centésimas, o **0.65**.*

La solución de Alicia

$$\begin{array}{r} 0.40 \\ +\ 0.25 \\ \hline \mathbf{0.65} \end{array}$$

0.4 es lo mismo que 0.40.

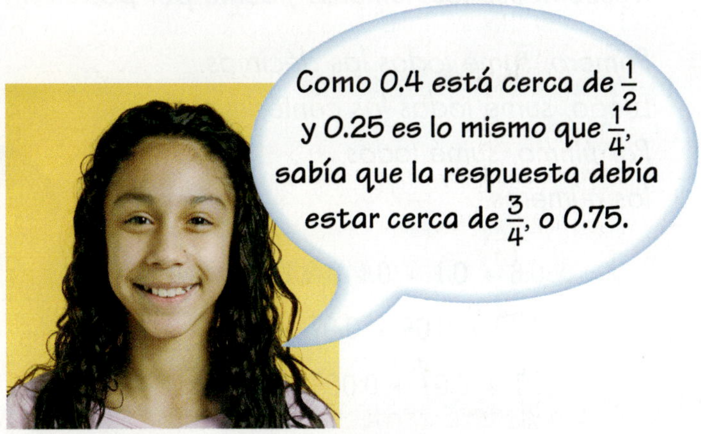

La solución de Zachary

Por tanto, sumé por posición. Sumé las décimas y luego las centésimas.

0.4 es 4 décimas y 0 centésimas.

0.25 es 2 décimas y 5 centésimas

0.4 + 0.2 = 0.6

*6 décimas y 5 centésimas es **0.65**.*

Sumar decimales (página 2 de 3)

Shandra, Joshua, Nora y Lourdes resolvieron este problema de suma de diferentes maneras.

¿Cuál es la suma de estos decimales?

0.6 seis décimas	0.125 ciento veinticinco milésimas	0.45 cuarenta y cinco centésimas

La solución de Shandra

Descompuse los números y sumé por posición.

Primero, sumé todas las décimas. Luego, sumé todas las centésimas. Por último, sumé todos los números.

0.6 + 0.1 + 0.4 = 1.1

0.02 + 0.05 = 0.07

1.1 + 0.07 + 0.005 = **1.175**

La solución de Joshua

Usé equivalentes. Pensé en todos los números como si fueran milésimas. Luego, los sumé.

0.6 = 0.600

0.45 = 0.450

600 + 450 = 1,050

1,050 + 125 = 1,175

Como 1,000 milésimas es 1, la respuesta es **1.175.**

Sumar decimales (página 3 de 3)

0.6 + 0.125 + 0.45 = ?

La solución de Walter

Resolví el problema más o menos como Joshua, pero alineé los números y luego sumé.

$$\begin{array}{r} 0.600 \\ 0.125 \\ +\ 0.450 \\ \hline 1.100 \\ 0.070 \\ +\ 0.005 \\ \hline 1.175 \end{array}$$

$$\begin{array}{r} 6 \\ 125 \\ +\ 45 \\ \hline \end{array}$$

La solución de Lourdes

Descompuse 0.45 en 4 décimas y 5 centésimas.

0.45 = 0.4 + 0.05

$$\begin{array}{r} 0.4 \\ +\ 0.6 \\ \hline 1.0 \end{array} \qquad \begin{array}{r} 0.050 \\ +\ 0.125 \\ \hline 0.175 \end{array}$$

1.175

Te darás cuenta de que para sumar decimales usas las mismas estrategias que usaste para sumar números enteros. Puedes repasar estas estrategias de suma mirando las páginas 8–9 de este libro.

0.65 + 0.3 = _____ **0.375 + 0.2 = _____**

Tablas y gráficas (página 1 de 2)

Esta tabla y la gráfica de la página 67 muestran el crecimiento de Olivia entre los 2 y los 10 años de edad según el cuento de abajo.

Olivia medía 86 centímetros de altura cuando celebró su segundo cumpleaños. Entre los 2 y los 6 años de edad, creció muy rápido, aproximadamente 10 centímetros por año. Luego, creció más lentamente. Medía 140 centímetros de altura cuando celebró su décimo cumpleaños.

Esta columna muestra la edad de Olivia.

Esta columna muestra la altura de Olivia.

Crecimiento de Olivia

Edad (en años)	Altura (en centímetros)
2	86
3	95
4	105
5	113
6	123
7	130
8	134
9	137
10	140

Esta fila muestra que Olivia medía 105 centímetros de altura cuando tenía 4 años.

Tablas y gráficas (página 2 de 2)

Palabras de matemáticas
- **eje vertical**
- **eje de las *y***
- **eje horizontal**
- **eje de las *x***

Esta gráfica muestra la información sobre el crecimiento de Olivia que aparece en la tabla de la página 66.

El eje vertical, o de las *y*, muestra la altura.

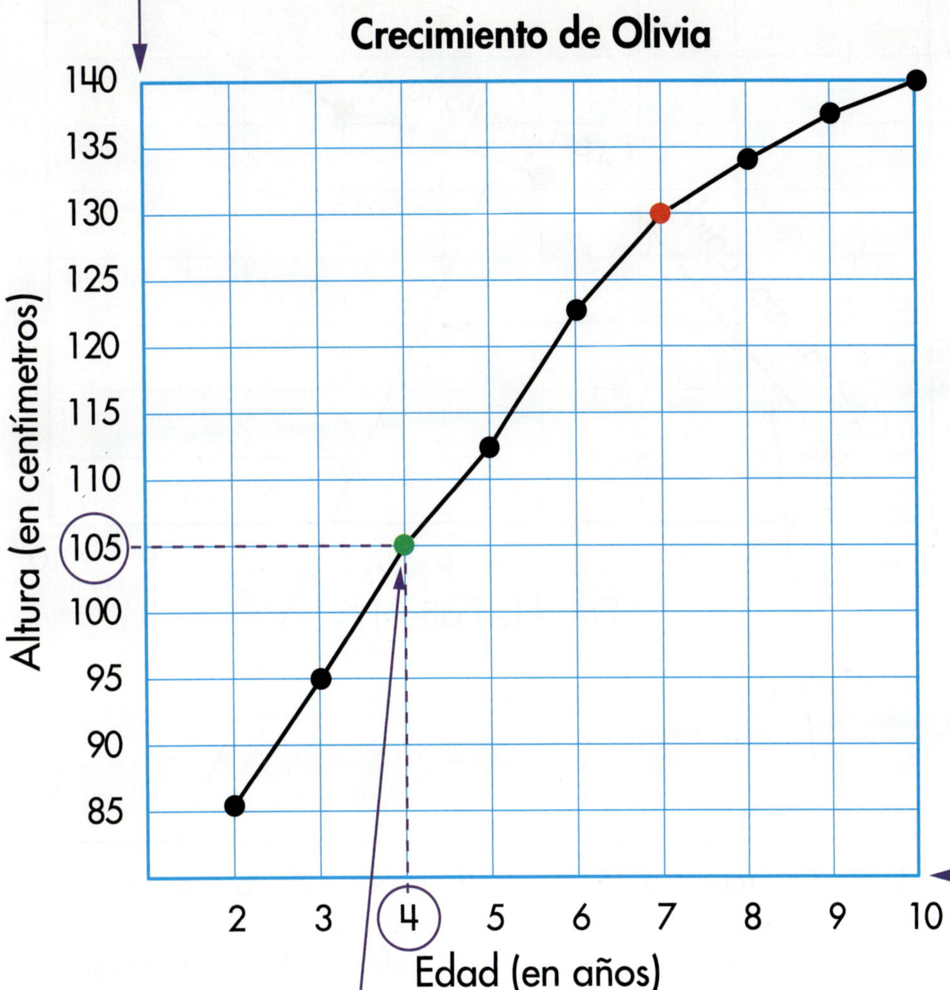

El punto verde muestra que Olivia medía 105 centímetros de altura cuando tenía 4 años.

El eje horizontal, o de las *x*, muestra la edad.

¿Qué muestra el punto rojo de la gráfica?

Crecimiento rápido y lento

Esta gráfica muestra cómo creció Tyler entre los 2 y los 10 años de edad.

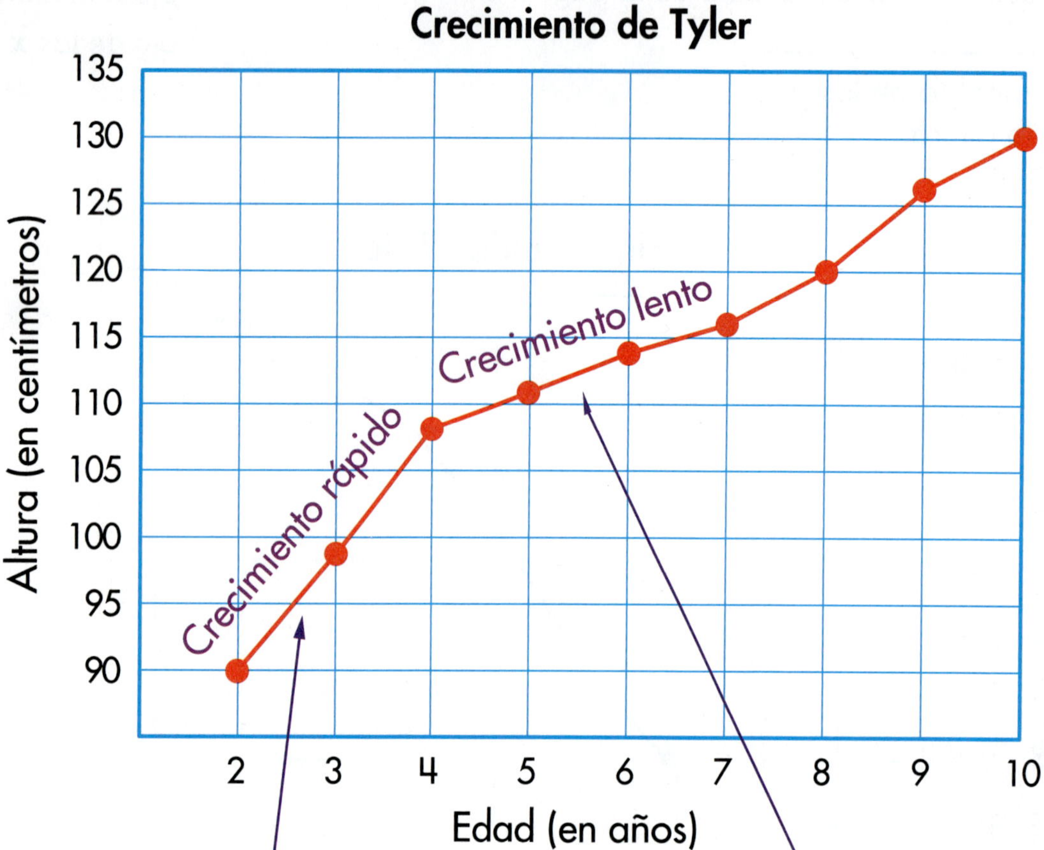

Esta parte de la gráfica muestra una gran subida. Tyler está creciendo aproximadamente 10 centímetros al año.

Esta parte de la gráfica no muestra una subida tan grande. La velocidad del crecimiento de Tyler ha bajado.

Escribe un cuento sobre Tyler. Usa la información de la gráfica para describir cómo creció entre los 2 y los 10 años de edad.

Contar cuentos basados en información de gráficas lineales

Esta gráfica muestra cómo crecieron Nora y Tyler entre los 2 y los 10 años de edad.

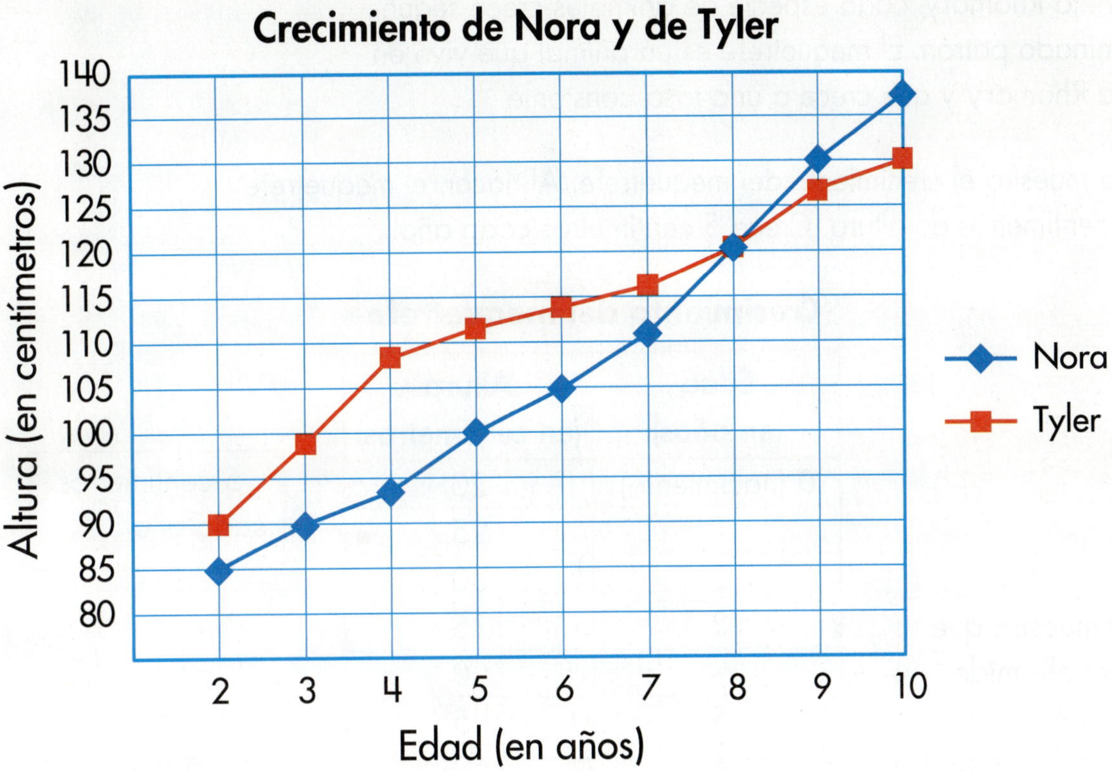

Usa la gráfica para responder las siguientes preguntas.
¿Quién era más alto a los 2 años? ¿Cuánto más alto era?
¿Quién era más alto a los 10 años? ¿Cuánto más alto era?
¿Cuándo tuvieron la misma altura Nora y Tyler?
¿Cómo puedes determinarlo usando información de la gráfica?
Responde estos acertijos. ¿Cómo te ayudó la gráfica?

Crecí rápido hasta los 7 años de edad y más rápido todavía entre los 7 y los 10 años. ¿Quién soy?

Crecí rápido entre los 2 y los 4 años de edad. Luego, crecí más lentamente hasta los 7 años y entonces volví a crecer más rápido. ¿Quién soy?

Crecimiento a una tasa constante (página 1 de 2)

Palabras de matemáticas
- **tasa constante**

En algunos casos, el crecimiento ocurre a una tasa constante.

En el planeta Rhomary, cada especie de animales crece según un determinado patrón. El mequetrefe es un animal que vive en el planeta Rhomary y que crece a una tasa constante.

Esta tabla muestra el crecimiento del mequetrefe. Al nacer, el mequetrefe mide 20 centímetros de altura. Crece 5 centímetros cada año.

Crecimiento del mequetrefe

Edad (en años)	Altura (en centímetros)
0 (nacimiento)	20
1	25
2	30
3	35
4	40
5	45
6	50
7	55
8	60
9	65
10	70
15	95
20	?

+5 centímetros cada año

Esta fila muestra que el mequetrefe mide 40 centímetros de altura cuando tiene 4 años.

A partir de aquí, la tabla salta algunas filas.

¿Qué altura tiene el mequetrefe a los 20 años de edad? ¿Cómo lo averiguaste?

Crecimiento a una tasa constante (página 2 de 2)

Esta gráfica muestra la información sobre el crecimiento del mequetrefe que aparece en la tabla de la página 70.

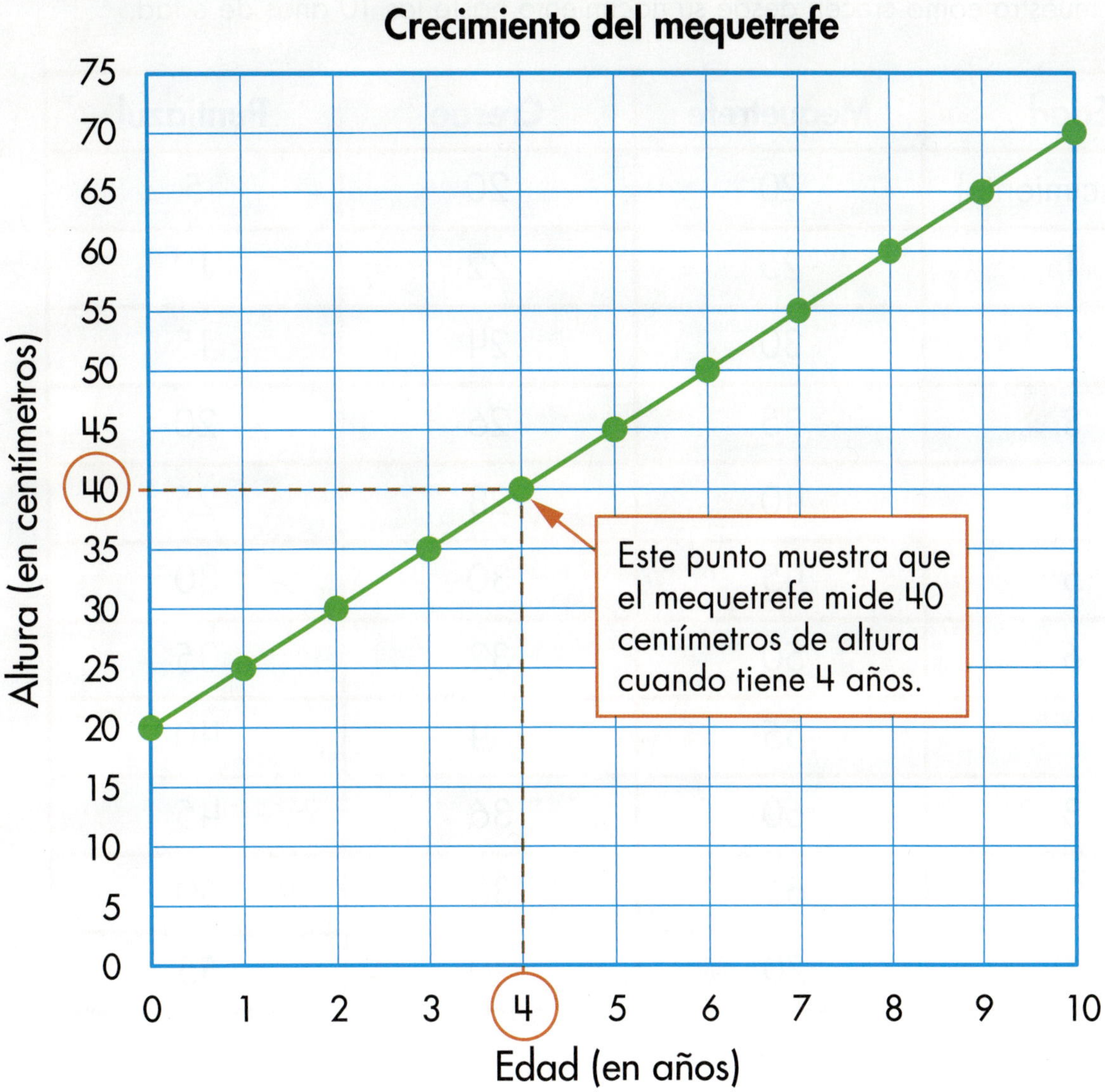

¿Por qué crees que los puntos de la gráfica forman una línea recta?

Comparar tasas de crecimiento

(página 1 de 2)

El mequetrefe, el crespo y el puntiazul viven en el planeta Rhomary.

Cada uno crece a una tasa constante.

La tabla muestra cómo crecen desde su nacimiento hasta los 10 años de edad.

Edad	Mequetrefe	Crespo	Puntiazul
0 (nacimiento)	20	20	5
1	25	22	10
2	30	24	15
3	35	26	20
4	40	28	25
5	45	30	30
6	50	32	35
7	55	34	40
8	60	36	45
9	65	38	50
10	70	40	55

Comparar tasas de crecimiento

(página 2 de 2)

Esta gráfica muestra cómo crecen desde su nacimiento hasta los 10 años de edad.

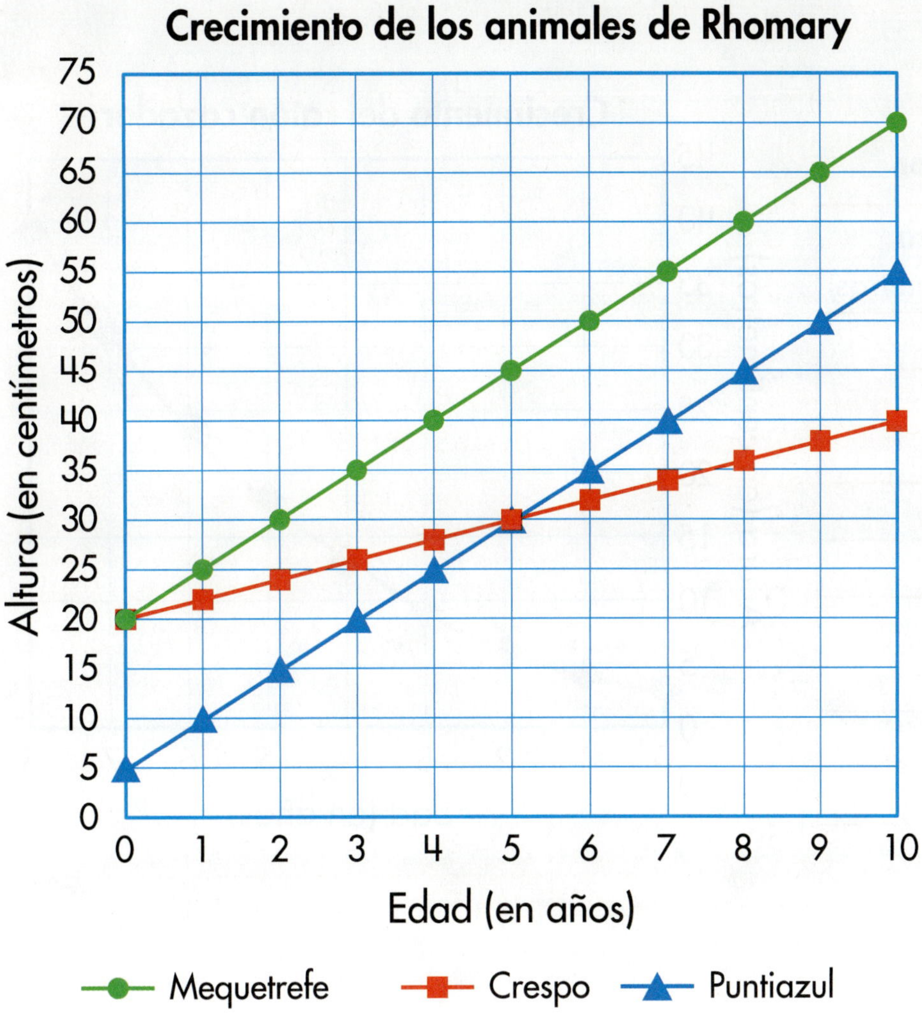

¿Tienen el puntiazul y el crespo la misma altura en algún momento de sus vidas?
¿Cómo muestra eso la tabla?
¿Tendrán el puntiazul y el mequetrefe la misma altura en algún momento de sus vidas?
¿Cómo muestra eso la tabla?

Crecer a una tasa variable

El ratón cazador es otro animal que vive en el planeta Rhomary. Al igual que los demás animales de ese planeta, el ratón cazador crece de acuerdo a un determinado patrón. Sin embargo, *no* crece a una tasa constante.

Crecimiento del ratón cazador

Edad (en años)	Altura (en centímetros)
0 (nace)	3
1	4
2	6
3	9
4	13
5	18
6	24
7	31
8	39

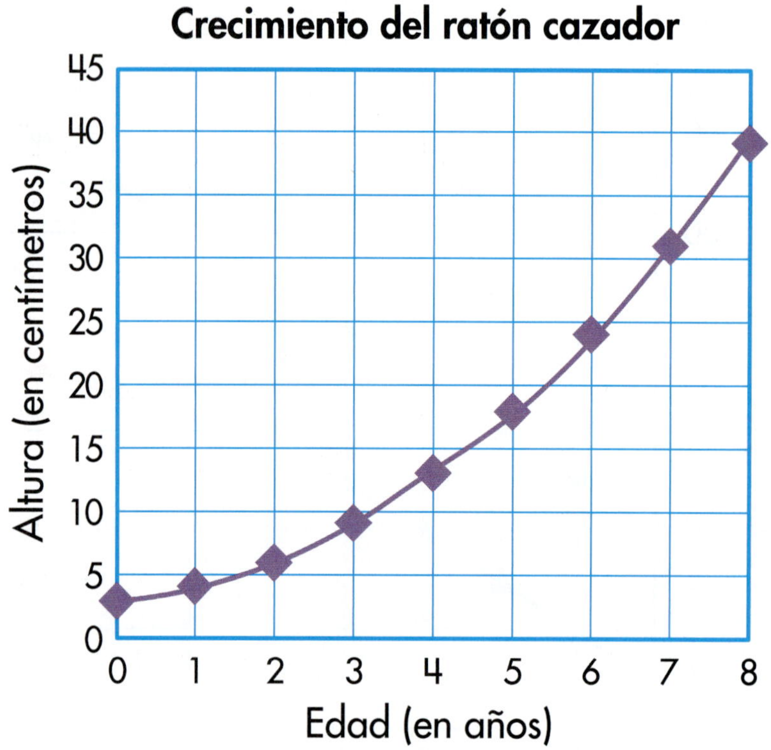

Compara el patrón de crecimiento del ratón cazador con los patrones de crecimiento de las otras especies de animales de Rhomary que se muestran en las páginas 70–73.
¿En qué se diferencia el patrón de crecimiento del ratón cazador?
¿Qué observas en la tabla? ¿Qué observas en la gráfica?
¿Puedes averiguar cuánto mide de altura el ratón cazador cuando tiene 10 años?
¿Por qué?

El frasco de monedas de 1¢ (página 1 de 2)

En algunos frascos de monedas de 1¢, la cantidad total de monedas de 1¢ aumenta a una tasa constante.

La regla del frasco de monedas de 1¢ que se muestra abajo es la siguiente:

Comienza con 3 monedas de 1¢ y agrega 5 monedas de 1¢ en cada vuelta.

Salida	Vuelta 1	Vuelta 2	Vuelta 5

Total: 3 monedas de 1¢	Total: 8 monedas de 1¢	Total: 13 monedas de 1¢	Total: 28 monedas de 1¢

¿Cuántas monedas de 1¢ habrá en el frasco cuando se termine la cuarta vuelta?

Jill hizo este dibujo para averiguarlo.

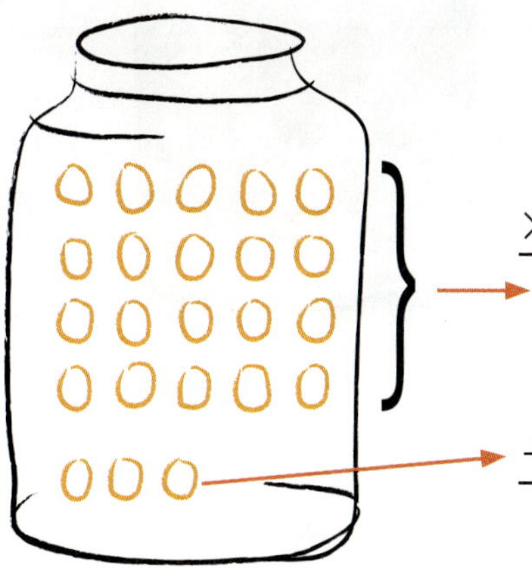

4 vueltas
$\times 5$ monedas de 1¢ por vuelta
20 monedas de 1¢
$+ 3$ monedas de 1¢ a la salida
23 total de monedas de 1¢ cuando se termine la cuarta vuelta

¿Cuántas monedas de 1¢ habrá en el frasco cuando se termine la séptima vuelta?
¿Cuántas monedas de 1¢ habrá en el frasco cuando se termine la décima vuelta?

El frasco de monedas de 1¢ (página 2 de 2)

En otro frasco de monedas de 1¢, la cantidad total de monedas no aumenta a una tasa constante.

Número de vueltas	Cantidad total de monedas de 1¢
Comienzo	1
1	3
2	6
3	10
4	15
5	21
6	28
7	36

En este frasco de monedas de 1¢, la cantidad de monedas que se agrega en cada vuelta aumenta en 1 de esta manera:

Vuelta 1: se agregan 2 monedas de 1¢

Vuelta 2: se agregan 3 monedas de 1¢

Vuelta 3: se agregan 4 monedas de 1¢

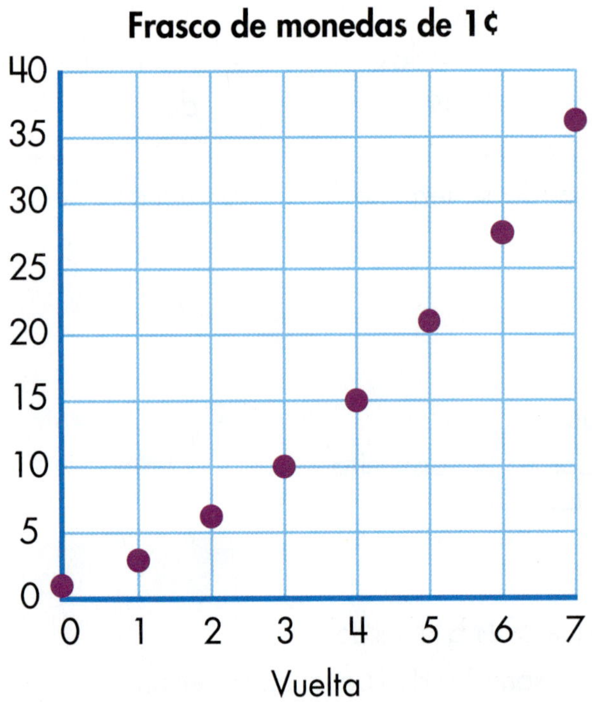

Vuelta 3

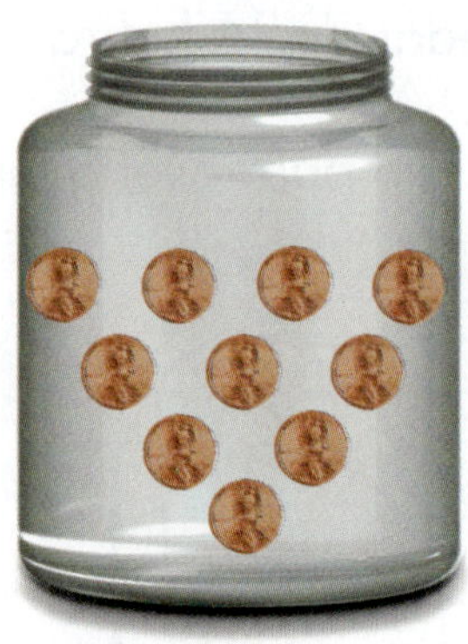

Total:
10 monedas de 1¢

Si continúa este patrón, ¿cuántas monedas de 1¢ habrá en el frasco cuando se termine la décima vuelta?
¿Por qué crees que los puntos de esta gráfica no forman una línea recta?

Escribir reglas para describir cambios (página 1 de 2)

La regla de este frasco de monedas de 1¢ es la siguiente:

Comienza con 8 monedas de 1¢ y agrega 5 monedas de 1¢ en cada vuelta.

¿Cuántas monedas de 1¢ habrá cuando se termine la décima vuelta?

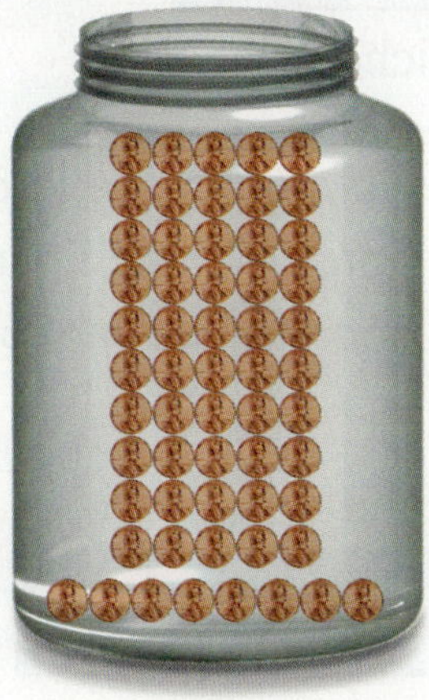

10	vueltas
× 5	monedas de 1¢ por vuelta
50	monedas de 1¢
+ 8	monedas de 1¢ a la salida
58	total de monedas de 1¢ cuando se termine la décima vuelta

Usando palabras o expresiones aritméticas, estos estudiantes escribieron reglas para determinar la cantidad de monedas de 1¢ que había en el frasco al terminar cada vuelta.

La regla de Terrence: Multiplica el número de vueltas por 5. Luego, suma 8 porque ésa es la cantidad de monedas de 1¢ que había en el frasco al comienzo.

La regla de Janet: Vuelta x 5 + 8

La regla de Joshua: 8 + (5 x *n*)

En la regla de Joshua, *n* representa el número de vueltas. Podría haber usado otra letra, como la *x* o la *r*.

Usa una de estas reglas, o tu propia regla, para averiguar cuántas monedas de 1¢ habrá en el frasco después de la vuelta 30.

Escribir reglas para describir cambios (página 2 de 2)

A continuación se muestra un patrón de rectángulos hechos con fichas cuadradas.

Cada lado de una ficha cuadrada mide 1 centímetro.

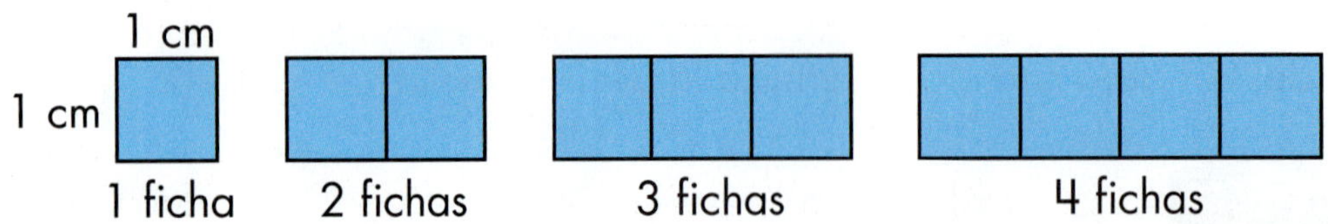

Algunos estudiantes observaron cómo cambiaba el perímetro mientras crecía el rectángulo.

Cantidad de fichas cuadradas	Perímetro del rectángulo
1	4
2	6
3	8
4	10
5	12

El perímetro es la medida de la distancia alrededor del borde de una figura. Puedes aprender más sobre el perímetro en la página 101.

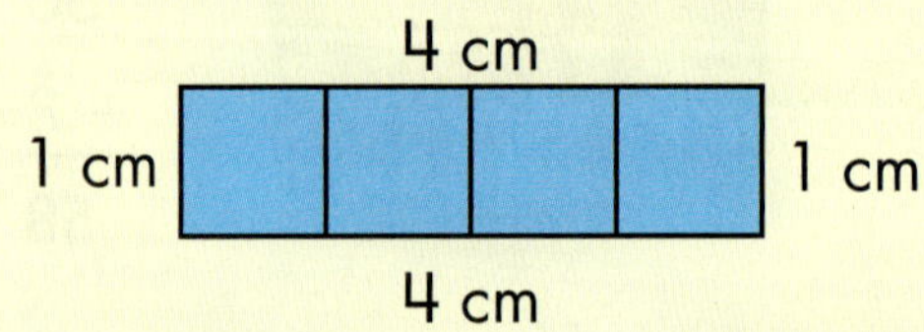

El perímetro de este rectángulo mide 10 centímetros.

Algunos estudiantes usaron fichas cuadradas para comentar las reglas que escribieron para determinar el perímetro de cualquier rectángulo de este patrón.

Stuart: *Duplica la cantidad de fichas y suma 2. Mi regla es* $P = 2n + 2$.

Tamira: *Yo uso otro método. Suma 1 a la cantidad de fichas cuadradas y luego duplícalo. Mi regla es* $P = (1 + n) \times 2$.

Samantha: *Mi método es muy parecido al de Stuart. Multiplica la cantidad de fichas cuadradas por sí misma y luego suma 1 y 1 en cada extremo. Mi regla es* $P = n + n + 1 + 1$.

Usa una de estas reglas, o tu propia regla, para averiguar el perímetro de un rectángulo de este patrón que tenga 50 fichas cuadradas.

Trabajar con datos

Palabras de matemáticas
- **datos**

Los datos son partes de información. Se pueden reunir datos al contar algo, al medir algo o al hacer algún experimento.

Reunimos datos para recopilar información sobre el mundo que nos rodea.

Al reunir, representar y analizar datos puedes contestar preguntas como las siguientes:

¿Cuánto tiempo puedes permanecer parado en un solo pie?

¿Qué tan segura es nuestra área de juego?

¿Cuál de los dos tipos de puente soportará el mayor peso?

¿Qué grupo mira más televisión al día, los estudiantes de quinto grado o los adultos?

Trabajar con datos es un proceso.

Hacer una pregunta →	Reunir datos →	Organizar y representar los datos →	Describir y resumir los datos →	Interpretar los datos, sacar conclusiones y hacer nuevas preguntas

(Una flecha regresa de "Interpretar los datos, sacar conclusiones y hacer nuevas preguntas" a "Hacer una pregunta".)

Diseñar un experimento y reunir datos

Félix y Janet se preguntaron:

¿Qué tipo de puente de papel soportará el mayor peso?

Los estudiantes diseñaron un experimento para averiguarlo y construyeron distintos puentes de papel. Para comprobar la resistencia de los puentes, contaron la cantidad de monedas de 1¢ que podía sostener cada puente antes de colapsar.

Janet diseñó un puente plegado.

Félix y Janet realizaron 15 pruebas de su experimento con el puente plegado. Después de terminar cada prueba, anotaron la cantidad de monedas de 1¢ que el puente soportó.

Experimento con el puente plegado	
Prueba	**Cantidad de monedas de 1¢**
1	30
2	38
3	38
4	15
5	27
6	43
7	24
8	44
9	24
10	72
11	38
12	46
13	21
14	30
15	31

Organizar y representar datos

Palabras de matemáticas
- **gráfica de barras**
- **diagrama de puntos**

Félix y Janet escogieron diferentes maneras de representar los datos del puente plegado de la página 80.

Janet representó los datos en un diagrama de puntos.

Cada X en el diagrama de puntos representa una prueba.

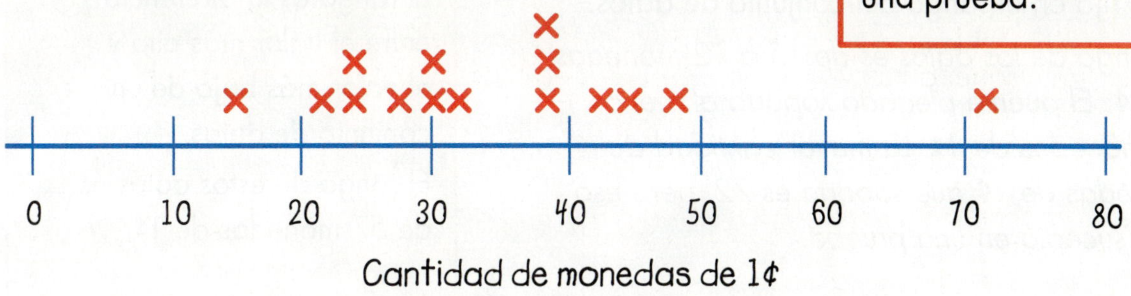

Félix representó los datos en una gráfica de barras, pero no quería que la gráfica tuviera muchas barras pequeñas. Pensó que sería más fácil ver los datos si agrupaba los números en intervalos, como 15–19, 20–24, y así sucesivamente.

Los números del eje vertical representan el número de pruebas.

Los números del eje horizontal representan la cantidad de monedas de 1¢. La escala está dividida en intervalos de 5.

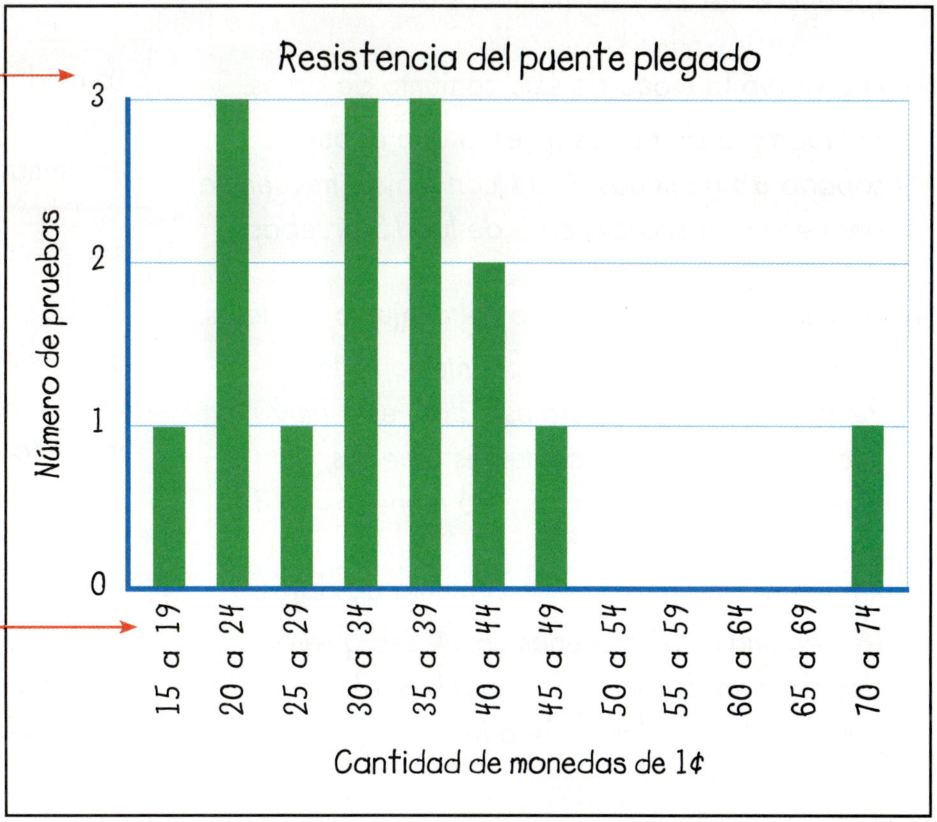

Describir y resumir datos

Palabras de matemáticas
- **rango**
- **moda**
- **valor extremo**

Éstas son algunas de las observaciones que hicieron Janet y Félix sobre los datos del puente plegado de las páginas 80 y 81.

Janet se fijó en el rango del conjunto de datos.

El rango de los datos es de 15 a 72 monedas de 1¢. El puente plegado soporta al menos 15 monedas de 1¢. La mayor cantidad de monedas de 1¢ que soporta es 72, pero eso sólo sucedió en una prueba.

El rango es la diferencia entre el valor más alto y el valor más bajo de un conjunto de datos.
El rango de estos datos es de 57 monedas de 1¢.

72	−	15	=	57
valor más alto		valor más bajo		rango

Félix halló un intervalo donde se encuentra la mayoría de los datos.

En diez de las quince pruebas —o sea, en dos tercios de las pruebas—, el puente plegado soportó entre 20 y 39 monedas de 1¢.

Janet observó la moda de este conjunto de datos.

El diagrama de puntos muestra que el puente soportó 38 monedas de 1¢ con mayor frecuencia, pero eso sólo sucedió en 3 de las 15 pruebas.

La moda es el valor que aparece con mayor frecuencia en un conjunto de datos.

Janet observó un valor extremo del conjunto de datos.

En una de las pruebas, el puente soportó 72 monedas de 1¢, pero este dato está muy lejos de los otros. En las demás pruebas, el puente soportó entre 15 y 46 monedas de 1¢.

Un valor extremo es un dato que tiene un valor inusual: mucho más bajo o mucho más alto que la mayoría de los datos.

Félix halló la mediana de este conjunto de datos.

La mediana es 31 monedas de 1¢. Eso quiere decir que en la mitad de las pruebas, el puente soportó 31 monedas de 1¢ o más.

La mediana es el valor del medio que aparece al ordenar los datos.

Hallar la mediana

(página 1 de 2)

Palabras de matemáticas
- **mediana**

La mediana es el valor del medio que aparece al ordenar los datos.

¿Cuánto tiempo pueden los adultos mantener el equilibrio parados sobre el pie izquierdo?

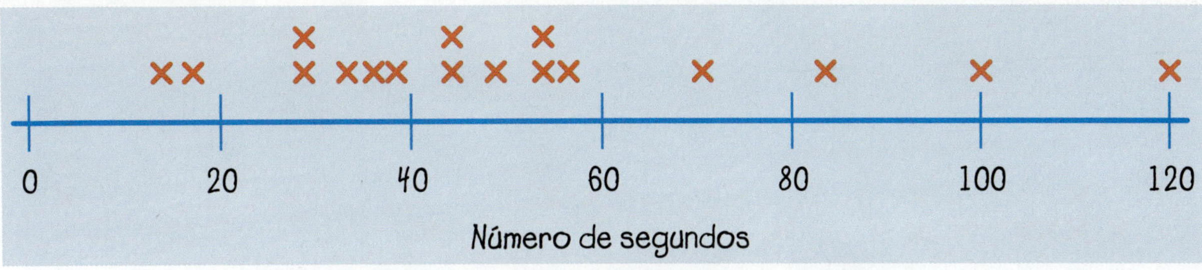

Éstos son los 17 valores colocados en orden:

15, 17, 29, 29, 31, 35, 38, 45, 45, 49, 53, 53, 55, 70, 82, 100, 120

↑ mediana

La mitad de los adultos mantuvo el equilibrio sobre el pie izquierdo durante 45 segundos o menos y la mitad mantuvo el equilibrio durante 45 segundos o más.

Como el valor del medio es 45, la mediana es 45 segundos.

Hallar la mediana

(página 2 de 2)

Cuando un conjunto de datos tiene un número par de valores, la mediana se encuentra entre los dos valores del medio.

¿Cuánto tiempo pueden los estudiantes mantener el equilibrio parados sobre el pie izquierdo?

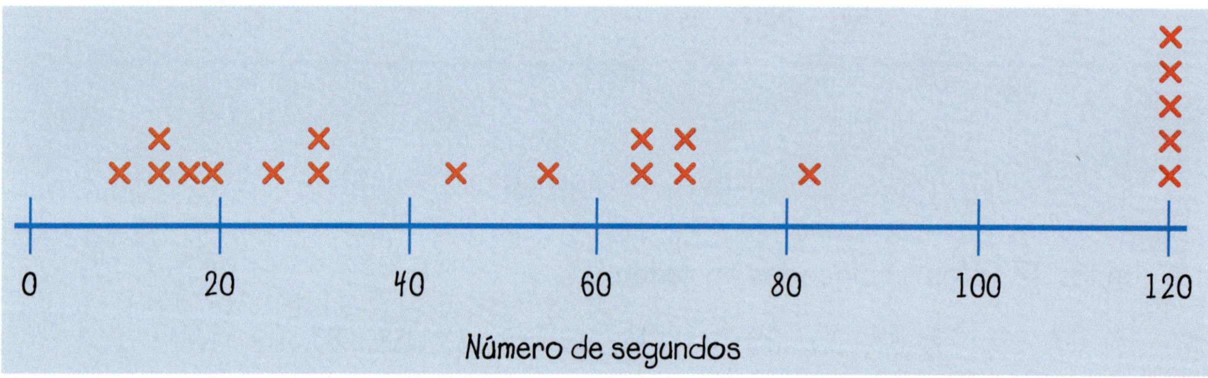

Éstos son los 20 valores colocados en orden:

10, 14, 14, 18, 19, 25, 30, 30, 45, 55, 65, 65, 70, 70, 82, 120, 120, 120, 120, 120

↑ mediana

En este grupo, el número de estudiantes que mantuvo el equilibrio sobre el pie izquierdo durante 60 segundos o menos es igual que el número de estudiantes que mantuvo el equilibrio durante 60 segundos o más.

Como los valores del medio no son iguales, la mediana es el valor que se encuentra entre 55 y 65. La mediana es 60 segundos.

¿Cómo compararías a los adultos con los estudiantes? ¿Tiene más equilibrio alguno de los dos grupos, o más o menos igual?

Comparar dos conjuntos de datos

(página 1 de 4)

Palabras de matemáticas
- **gráfica de doble barra**

Janet y Félix continuaron el experimento sobre puentes que aparece en las páginas 80 y 81. Probaron otro tipo de puente.

Félix diseñó un puente de viga.

Félix y Janet realizaron 15 pruebas en este experimento. En cada prueba anotaron la cantidad de monedas de 1¢ que el puente de viga soportó.

Experimento con el puente de viga

Prueba	Cantidad de monedas de 1¢
1	15
2	24
3	37
4	29
5	68
6	64
7	55
8	47
9	47
10	74
11	35
12	38
13	57
14	50
15	32

Comparar dos conjuntos de datos (página 2 de 4)

Janet y Félix crearon representaciones para poder comparar fácilmente los datos del puente plegado (página 80) con los datos del puente de viga (página 85).

Janet representó cada conjunto de datos en un diagrama de puntos. Usó la escala de 0 a 80 monedas de 1¢ en ambos diagramas de puntos para hacer más fácil la comparación.

Representación de Janet

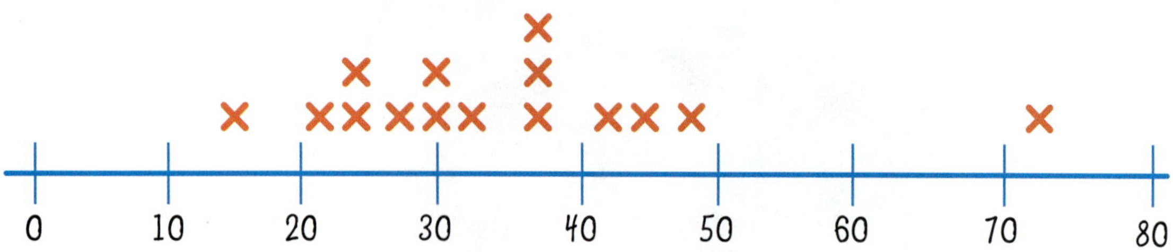

Cantidad de monedas de 1¢ (Puente plegado)

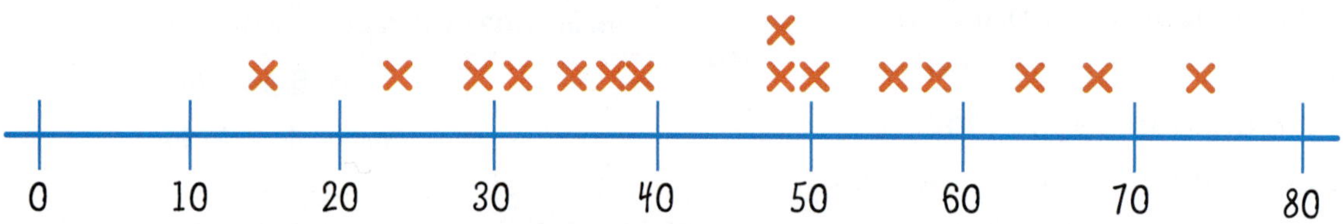

Cantidad de monedas de 1¢ (Puente de viga)

Esto es lo que Janet observó:

- *El rango de los datos de ambos puentes es casi el mismo: de 15 a 72 en la gráfica del puente plegado y de 15 a 74 en la gráfica del puente de viga.*
- *Casi todos los datos del puente plegado están agrupados en la parte inferior de la gráfica: de 15 a 49 monedas de 1¢. Es fácil ver que hay un solo valor elevado en la gráfica del puente plegado.*
- *En la mayoría de las pruebas, el puente plegado soportó de 20 a 49 monedas de 1¢. Los datos del puente de viga están más dispersos. El valor inferior es igual al del puente plegado, pero los valores superiores están entre 50 y 69.*

Comparar dos conjuntos de datos (página 3 de 4)

Félix representó los datos en una gráfica de doble barra.

Esta clave muestra que las barras rojas representan las pruebas del puente plegado y que las barras azules representan las pruebas del puente de viga.

Representación de Félix

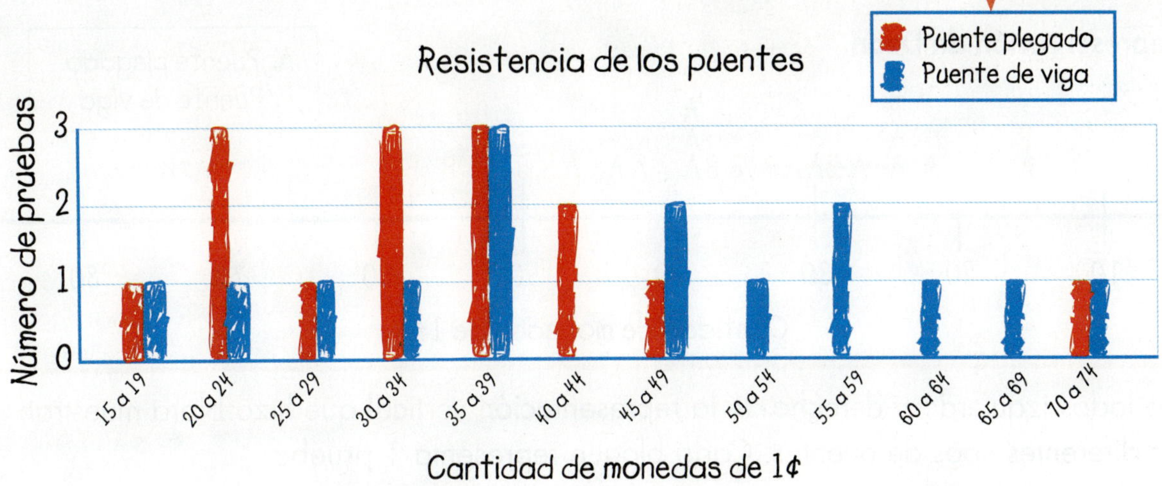

Basándose en lo que observaron sobre los datos que compararon, Janet y Félix llegaron a las siguientes conclusiones:

- *Nuestros datos muestran que, en general, el puente de viga puede soportar más peso que el puente plegado. La mediana del valor del puente plegado (31 monedas de 1¢) es menor que la mediana del valor del puente de viga (47 monedas de 1¢).*
- *Aunque los datos muestran que el puente de viga "ganó", pensamos que el puente plegado es más seguro. Los datos del puente de viga están dispersos entre 15 y 74 monedas de 1¢. Como la mayoría de los datos del puente plegado (12 de las 15 pruebas) está entre 20 y 45 monedas de 1¢, uno tiene una mejor idea de qué esperar.*
- *Fue una buena idea repetir 15 veces el experimento sobre cada puente porque un menor número de pruebas nos hubiera podido dar resultados demasiado altos o demasiado bajos. Sería interesante realizar 50 pruebas para ver qué sucede.*

¿Qué otro experimento podrían realizar Janet y Félix para obtener más información sobre la resistencia de los dos tipos de puentes?

Comparar dos conjuntos de datos (página 4 de 4)

Aquí hay otras dos representaciones de los datos sobre los puentes que se muestran en las páginas 80 y 85.

En este diagrama de puntos Deon usa las letras A y B en vez de usar X. Eso permite mostrar los datos de los dos tipos de puentes en el mismo diagrama de puntos.

Representación de Deon

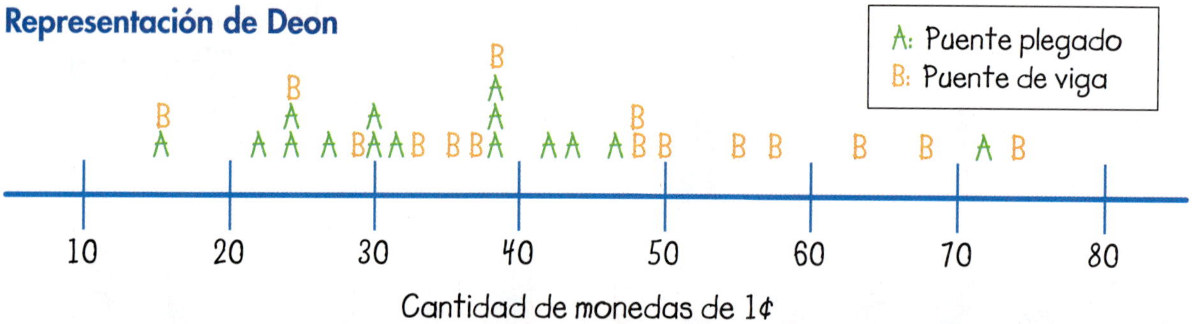

Los lados izquierdo y derecho de la representación vertical que hizo Nora muestran los diferentes tipos de puentes. Cada bloque representa 1 prueba.

Representación de Nora

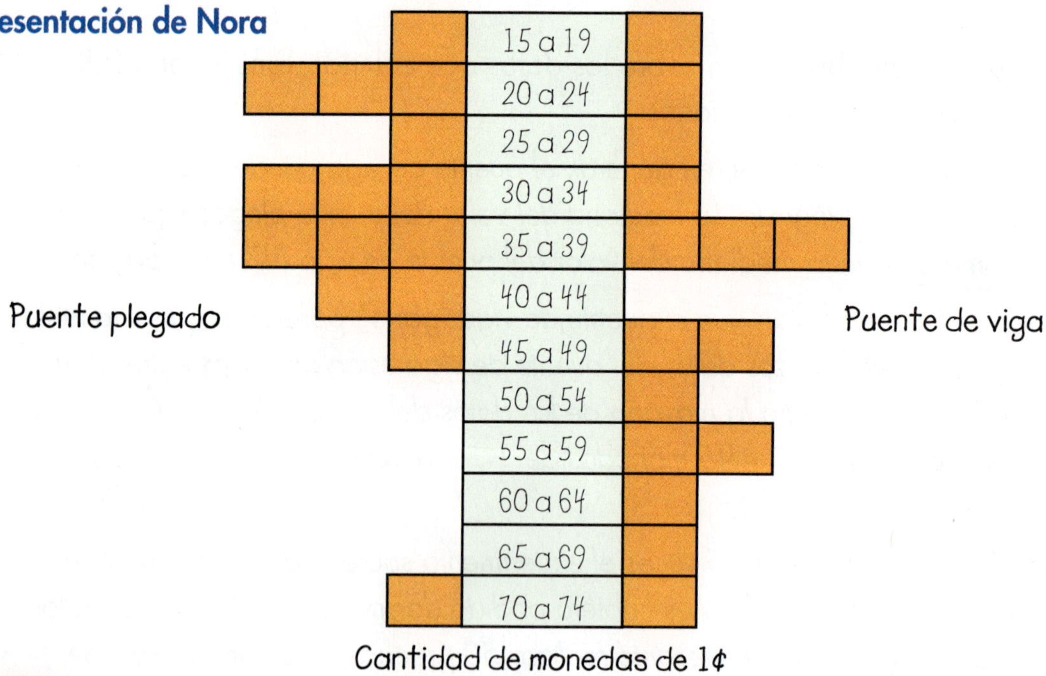

Al mirar estas representaciones, ¿qué observas acerca de las diferencias entre los dos tipos de puentes? ¿Cuál de las cuatro representaciones de las páginas 86–88 te parece la más clara?

Probabilidad (página 1 de 3)

Palabras de matemáticas
- **probabilidad**
- **evento seguro**
- **evento imposible**

¿Qué tan probable es...?
¿Cuál es la probabilidad de que...?

La probabilidad es el estudio de la posibilidad de que algo suceda. A veces estimamos la probabilidad de algo basándonos en datos y en nuestras experiencias sobre el mundo en que vivimos.

Basándonos en lo que conocemos sobre nuestro mundo, sabemos que algunos eventos son imposibles.

El océano Pacífico se congelará completamente este invierno.

Algunos eventos futuros son seguros.

El sol saldrá mañana.

La probabilidad de que ocurran muchos otros eventos está entre lo imposible y lo seguro.

Mañana nadie faltará a clase.

Lloverá el próximo fin de semana.

Línea de probabilidad

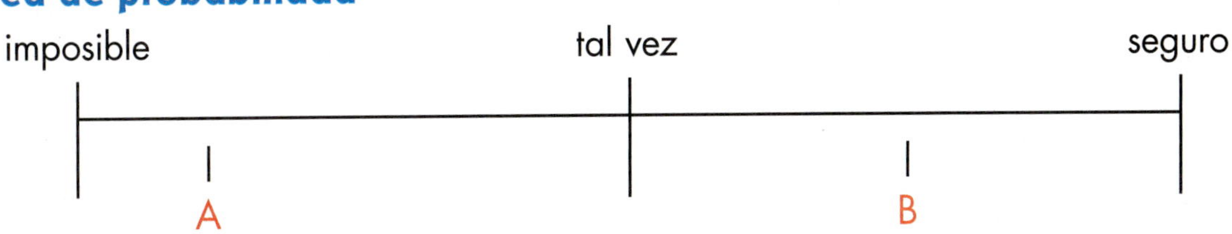

Describe eventos que deban ubicarse entre los puntos A y B de la línea de probabilidad.

Probabilidad (página 2 de 3)

Palabras de matemáticas
- **de igual probabilidad**

En algunos casos, los resultados son igualmente probables. En los siguientes casos puedes hallar la probabilidad de que ocurra un evento teniendo en cuenta cuántos resultados posibles existen.

¿Qué sucederá si lanzas una moneda al aire?

Hay dos resultados posibles: cara o cruz. Si la moneda es normal, existe una probabilidad de 1 entre 2 de que salga cara y una probabilidad de 1 entre 2 de que salga cruz.

¿Qué sucederá si lanzas un cubo numérico marcado con los números 1, 2, 3, 4, 5 y 6?

Hay seis resultados posibles. Si el cubo numérico es normal, todos los resultados son igualmente probables.

La probabilidad de sacar un cinco es de 1 entre 6.

¿Cuál es la probabilidad de sacar un número par?

1	2
3	4
5	6

Hay 3 números pares en el cubo numérico. Por tanto, la probabilidad de sacar un número par es de 3 entre 6.

También puedes decir que la probabilidad es de 1 entre 2.

¿Qué sucederá si sacas una canica de un frasco que contiene 3 canicas amarillas y 9 canicas azules?

Hay 12 canicas en el frasco. La probabilidad de sacar una canica azul es de 9 entre 12.

También puedes decir que la probabilidad es de 3 entre 4.

Probabilidad (página 3 de 3)

En matemáticas, puedes usar números del 0 al 1 para describir la probabilidad de que ocurra un evento.

La probabilidad de un evento imposible es 0.

La probabilidad de un evento seguro es 1.

La probabilidad de que un evento de igual probabilidad suceda o no suceda es de $\frac{1}{2}$.

Por ejemplo, cuando lanzas al aire una moneda normal, existe una probabilidad de 1 entre 2 de que salga cara. La probabilidad de que salga cara es de $\frac{1}{2}$.

Las probabilidades pueden estar en cualquier lugar entre el 0 y el 1.

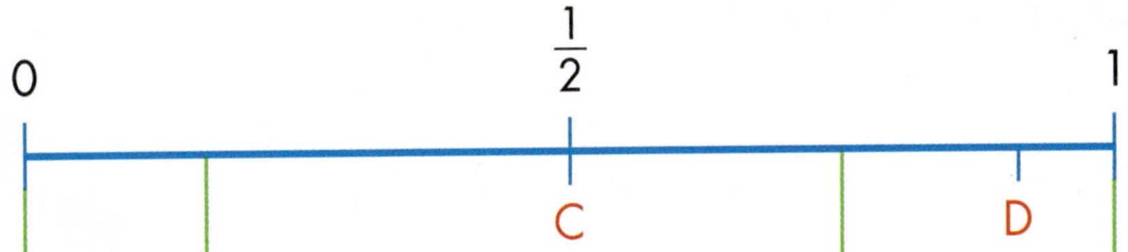

La probabilidad de que la flecha se detenga en un número par es de 0.

La probabilidad de sacar un cinco al lanzar este cubo numérico es de 1 entre 6, o de $\frac{1}{6}$.

La probabilidad de sacar una canica azul de este frasco es de $\frac{9}{12}$, o de $\frac{3}{4}$.

La probabilidad de que la flecha se detenga en un número impar es de 1.

Describe los eventos que pueden ubicarse en los puntos C y D de la línea. Puedes usar el concepto de una rueda con flecha giratoria, de un cubo numérico o de un frasco de canicas.

¿Es justo este juego?

Palabras de matemáticas
- **justo**

Un juego es justo si cada jugador tiene las mismas probabilidades de ganar. Mira estos dos juegos.

Juego 1

Charles y Hana están jugando a la rueda. Si la flecha giratoria se detiene en un número par, Charles obtiene un punto. Si la flecha giratoria se detiene en un número impar, Hana obtiene un punto.

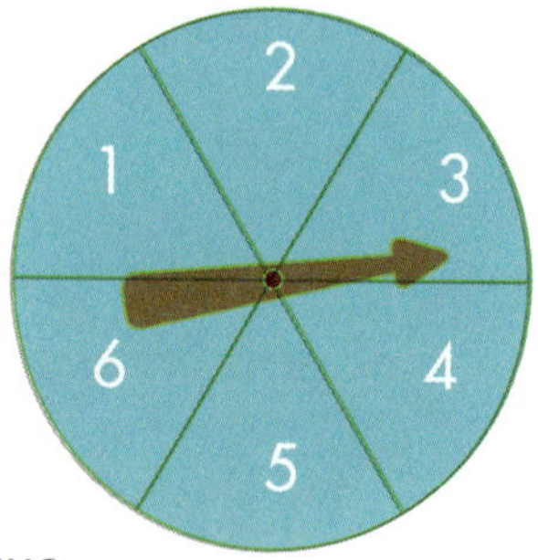

Charles tiene 3 probabilidades de ganar. Si la flecha giratoria se detiene en el 2, en el 4 o en el 6, gana. La probabilidad de que la flecha giratoria se detenga en uno de los números de Charles es de $\frac{3}{6}$, o de $\frac{1}{2}$.

Hana también tiene 3 probabilidades de ganar. Si la flecha giratoria se detiene en el 1, en el 3 o en el 5, gana. La probabilidad de que la flecha giratoria se detenga en uno de los números de Hana también es de $\frac{3}{6}$, o de $\frac{1}{2}$.

Este juego es justo porque Charles y Hana tienen las mismas probabilidades de ganar.

Juego 2

Samantha y Martín están jugando a la rueda. Si la flecha giratoria se detiene en un número par, Samantha obtiene un punto. Si la flecha giratoria se detiene en un número impar, Martín obtiene un punto.

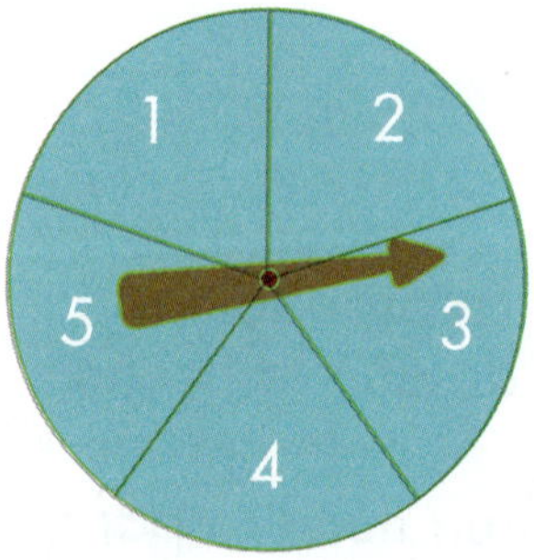

Samantha tiene 2 probabilidades de ganar. Si la flecha giratoria se detiene en el 2 o en el 4, gana. La probabilidad de que la flecha giratoria se detenga en uno de los números de Samantha es de $\frac{2}{5}$.

Martín tiene 3 probabilidades de ganar. Si la flecha giratoria se detiene en el 1, en el 3 o en el 5, gana. La probabilidad de que la flecha giratoria se detenga en uno de los números de Martín es de $\frac{3}{5}$.

Este juego no es justo porque las probabilidades de ganar de Martín son mayores que las de Samantha.

Diseña una nueva rueda con flecha giratoria y describe las reglas del puntaje para que cuando jueguen 3 personas, todas tengan las mismas probabilidades de ganar.

Polígonos

Palabras de matemáticas
- **polígono**
- **bidimensional**

Los polígonos son figuras bidimensionales cerradas de lados rectos.

Estas figuras son polígonos.

Estas figuras no son polígonos.

Los polígonos tienen distintos nombres según el número de lados que tengan.

3 lados	triángulo
4 lados	cuadrilátero
5 lados	pentágono
6 lados	hexágono
7 lados	heptágono
8 lados	octágono
9 lados	nonágono
10 lados	decágono
11 lados	endecágono
12 lados	dodecágono

¿Cuál es el nombre de cada uno de estos polígonos?

Polígonos regulares

Palabras de matemáticas
- **polígono regular**

Los polígonos que tienen lados iguales y ángulos iguales se llaman polígonos regulares.

triángulo regular (llamado triángulo equilátero)

cuadrilátero regular (llamado cuadrado)

hexágono regular

¿Cuáles de estas figuras son polígonos regulares? ¿Cómo lo sabes?

o

o

Triángulos

Palabras de matemáticas
- **triángulo**
- **triángulo rectángulo**
- **triángulo equilátero**

Un triángulo es un polígono que tiene:

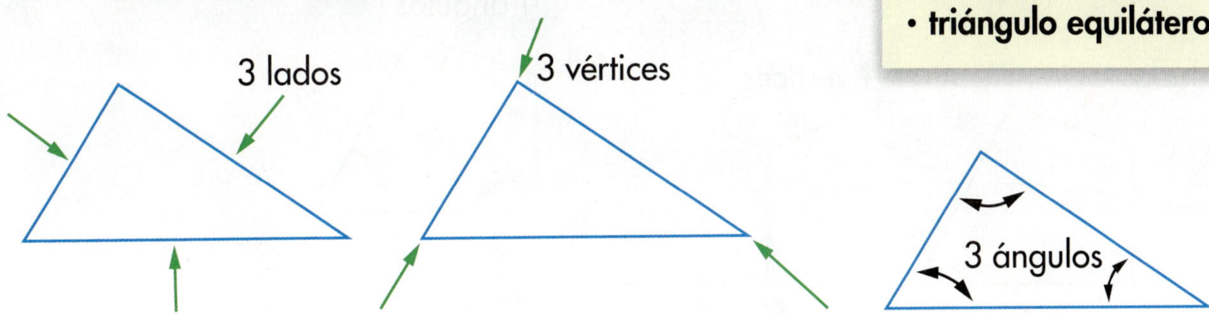

Los triángulos pueden ser descritos de dos maneras:

- Según la longitud de sus lados:

triángulo escaleno

Cada lado tiene una longitud diferente.

triángulo isósceles

Dos lados tienen la misma longitud.

triángulo equilátero

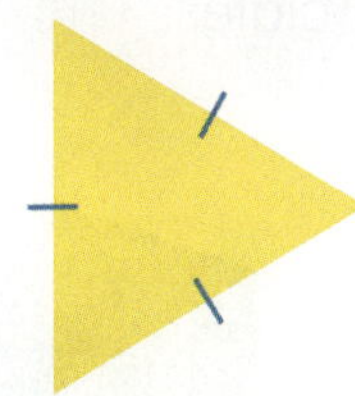

Sus tres lados tienen la misma longitud.

- Según el tamaño de sus ángulos:

triángulo rectángulo

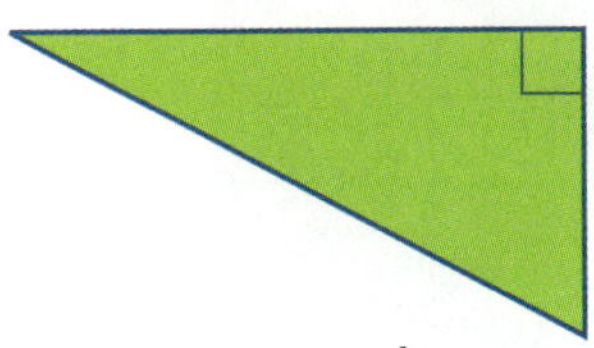

Un ángulo mide 90°.

triángulo obtusángulo

Un ángulo mide más de 90°.

triángulo acutángulo

Todos sus ángulos miden menos de 90°.

Éste es un triángulo isósceles rectángulo

Dibuja un triángulo escaleno acutángulo. Dibuja un triángulo isósceles obtusángulo. ¿Es posible dibujar un triángulo equilátero rectángulo? ¿Por qué?

Cuadriláteros (página 1 de 3)

Palabras de matemáticas
- **cuadrilátero**

Un cuadrilátero es un polígono que tiene:

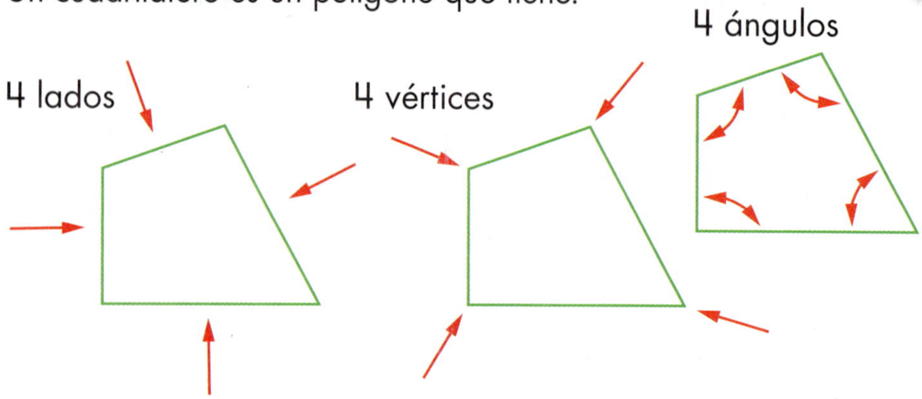

Todas estas figuras son cuadriláteros. Algunos cuadriláteros tienen nombres especiales.

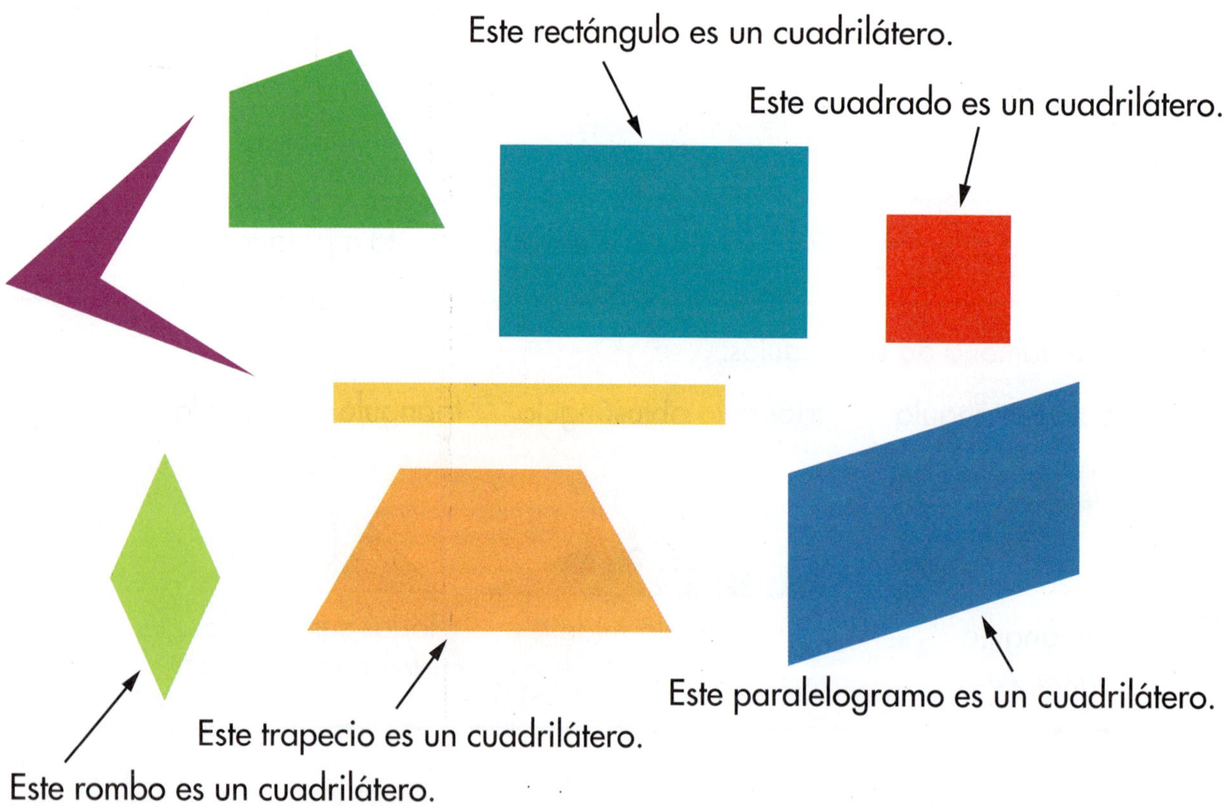

Dibuja un polígono que sea un cuadrilátero.
Dibuja un polígono que no sea un cuadrilátero.

Cuadriláteros (página 2 de 3)

Palabras de matemáticas
- **paralelo**
- **trapecio**
- **paralelogramo**

Las líneas paralelas van en la misma dirección. Son siempre equidistantes una de otra, como los rieles de un ferrocarril.

Los cuadriláteros que tienen 1 solo par de lados paralelos se llaman trapecios. Estos dos cuadriláteros son trapecios.

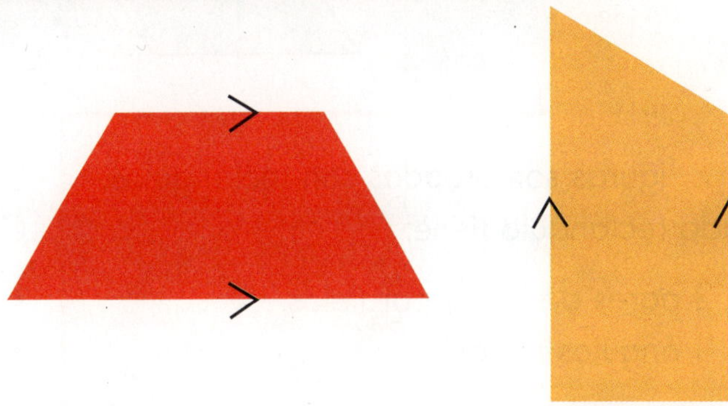

Los cuadriláteros que tienen 2 pares de lados paralelos se llaman paralelogramos. Todos estos cuadriláteros son paralelogramos.

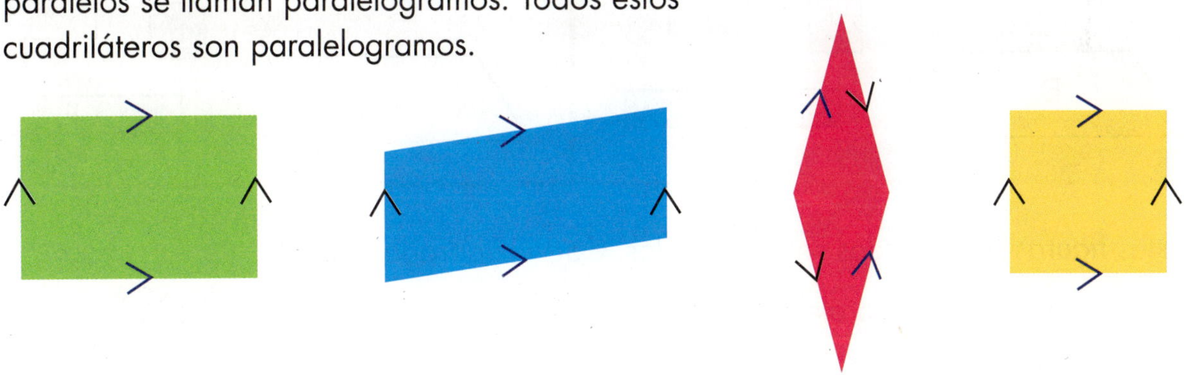

Algunos cuadriláteros no tienen lados paralelos.

Puedes usar el programa *LogoPaths* para dibujar paralelogramos y otros polígonos.

Cuadriláteros (página 3 de 3)

Palabras de matemáticas
- **paralelogramo**
- **rectángulo**
- **rombo**
- **cuadrado**

Algunos cuadriláteros tienen más de un nombre.

Estas figuras sombreadas son paralelogramos. Cada paralelogramo tiene:

- 2 pares de lados paralelos

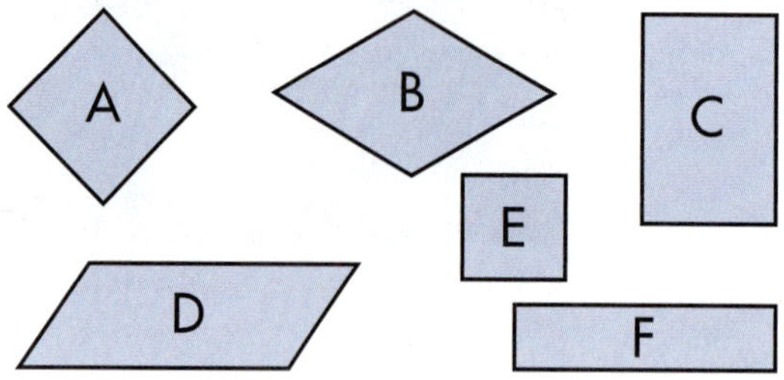

Estas figuras sombreadas son rectángulos. Cada rectángulo tiene:

- 2 pares de lados paralelos
- 4 ángulos rectos

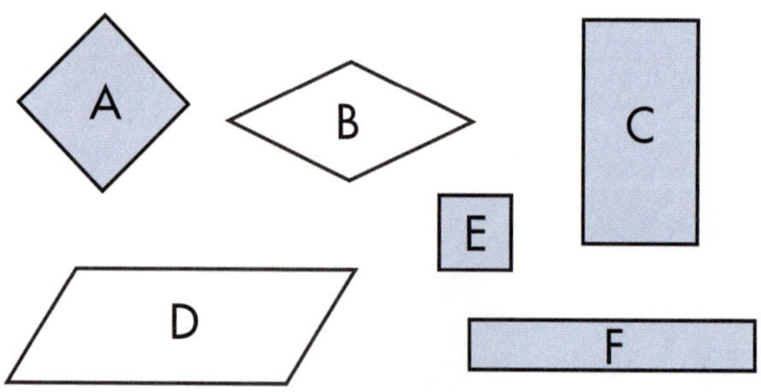

Estas figuras sombreadas son rombos. Cada rombo tiene:

- 2 pares de lados paralelos
- 4 lados iguales

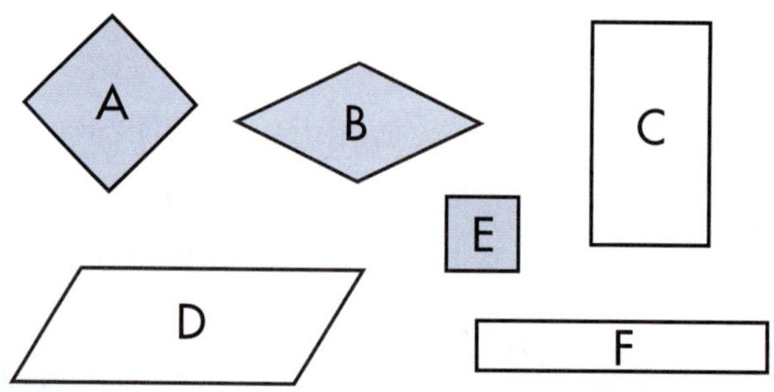

Estas figuras sombreadas son cuadrados. Cada cuadrado tiene:

- 2 pares de lados paralelos
- 4 lados iguales
- 4 ángulos rectos

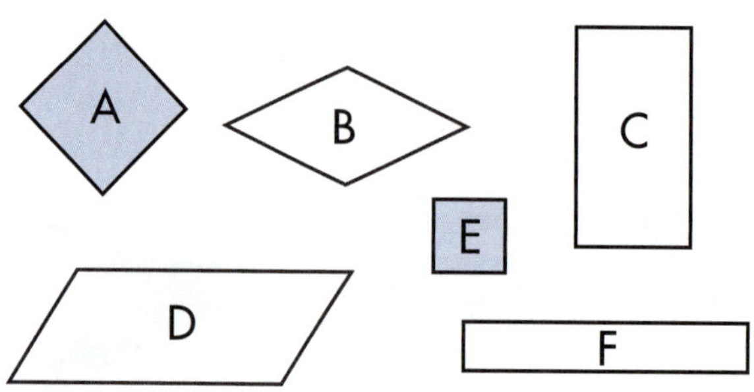

¿En qué se parecen los rectángulos y los cuadrados?
¿En qué se diferencian los rectángulos y los cuadrados?

Ángulos (página 1 de 3)

Palabras de matemáticas
- **ángulo**
- **grado**
- **ángulo recto**

La medida del ángulo de un polígono equivale a la distancia de giro que existe entre dos lados.

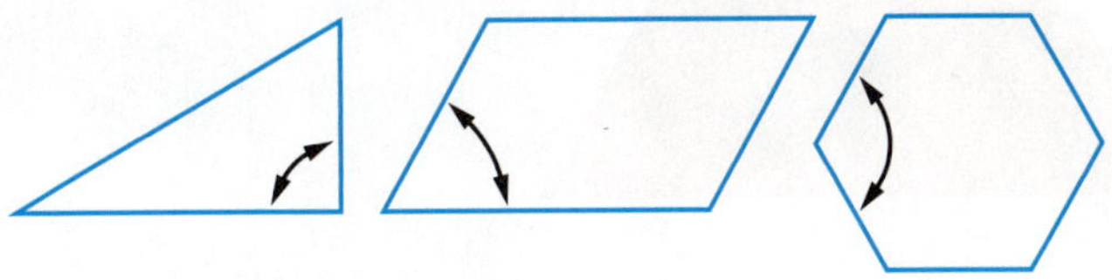

Los ángulos se miden en grados. Cuando un ángulo forma una esquina cuadrada, como la esquina de una hoja de papel, se llama ángulo recto. Un ángulo recto mide 90 grados.

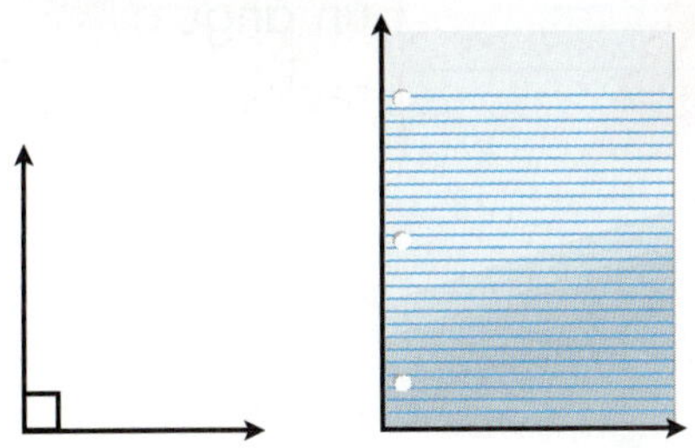

La palabra "grado" también es una unidad que se usa para medir la temperatura.

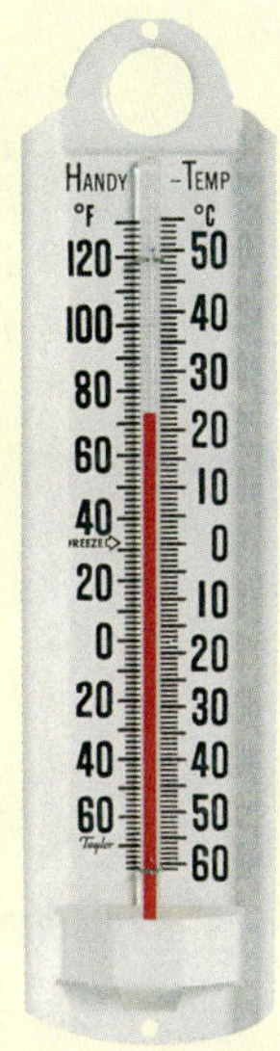

Estos estudiantes están hablando sobre los ángulos de polígonos usando sus modelos de polígonos Power™.

Deon: *Todos estos triángulos tienen un ángulo de 90 grados.*

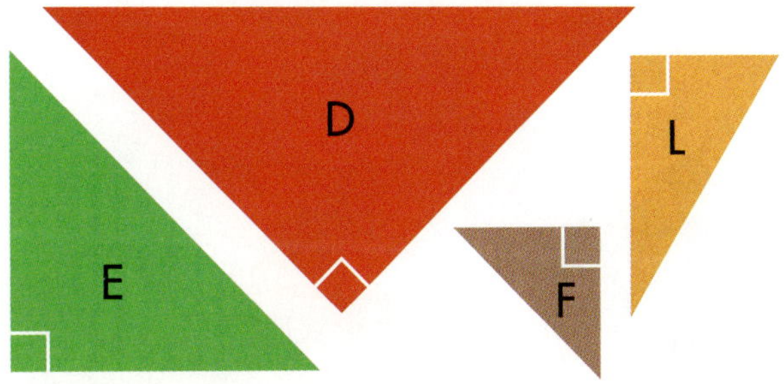

Janet: *Todos los ángulos de todos estos rectángulos son ángulos rectos.*

Ángulos (página 2 de 3)

Palabras de matemáticas
- **ángulo agudo**
- **ángulo obtuso**

Hana: *Ninguno de los ángulos de este trapecio mide 90 grados.*

Este ángulo mide menos de 90 grados. Es más pequeño que la esquina de la hoja de papel.

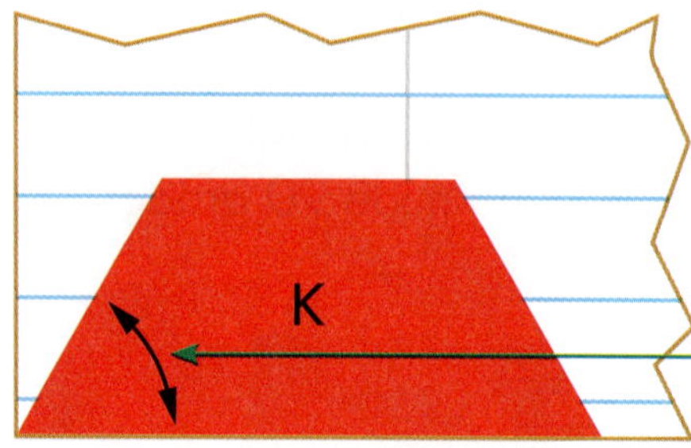

Un **ángulo agudo** es más pequeño que un ángulo recto.

Este ángulo mide más de 90 grados. Es más grande que la esquina de la hoja de papel.

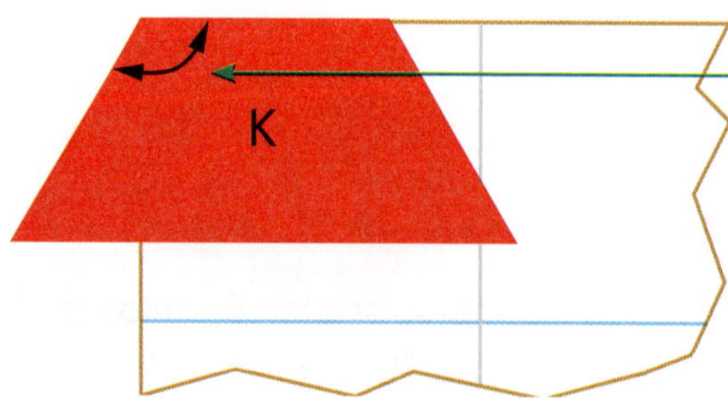

Un **ángulo obtuso** es más grande que un ángulo recto.

Observa estas figuras:

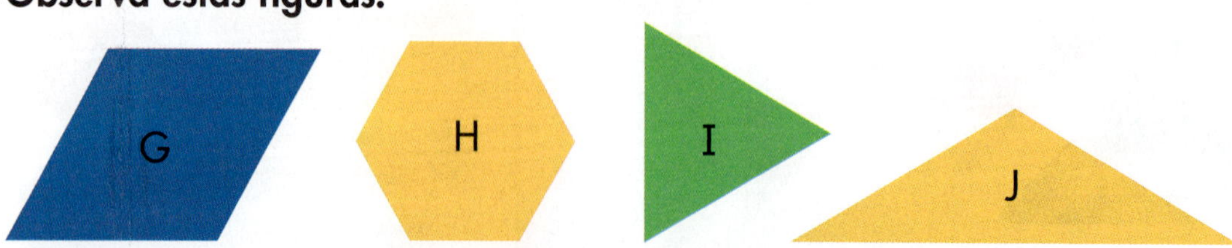

¿Ves algún ángulo de 90 grados? Si lo ves, ¿dónde está?
¿Ves algún ángulo menor de 90 grados? Si lo ves, ¿dónde está?
¿Ves algún ángulo mayor de 90 grados? Si lo ves, ¿dónde está?

Ángulos (página 3 de 3)

¿Cuántos grados mide este ángulo?

¿Cómo lo sabes?

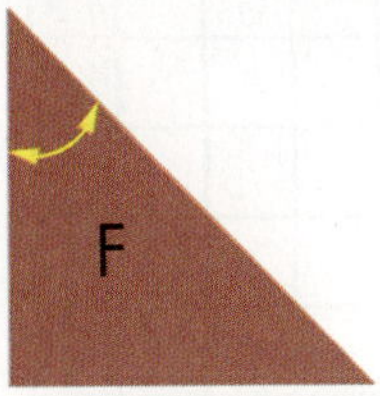

Mitch: *Puedo usar dos de estos triángulos para formar un cuadrado.*

$45 + 45 = 90$

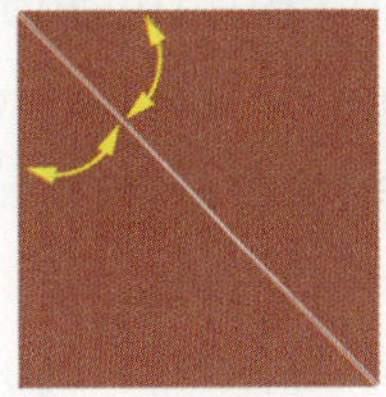

Estos dos ángulos juntos forman 90°. Como son iguales, cada ángulo mide 45°.

¿Cuántos grados mide este ángulo?

¿Cómo lo sabes?

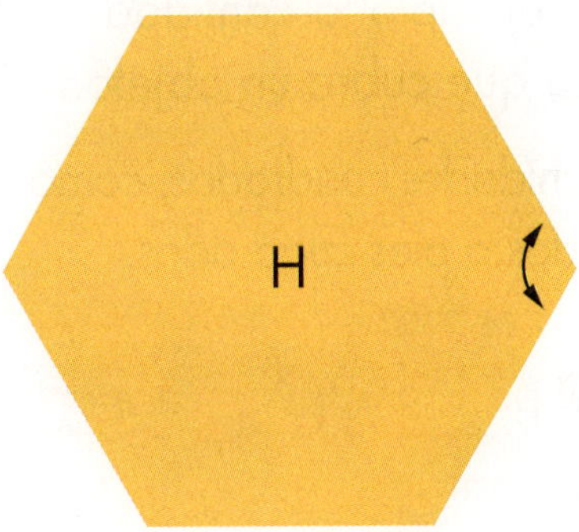

Puedes usar el programa *LogoPaths* para resolver problemas sobre ángulos.

Alicia: Al juntar tres hexágonos, los tres ángulos del centro forman un círculo.

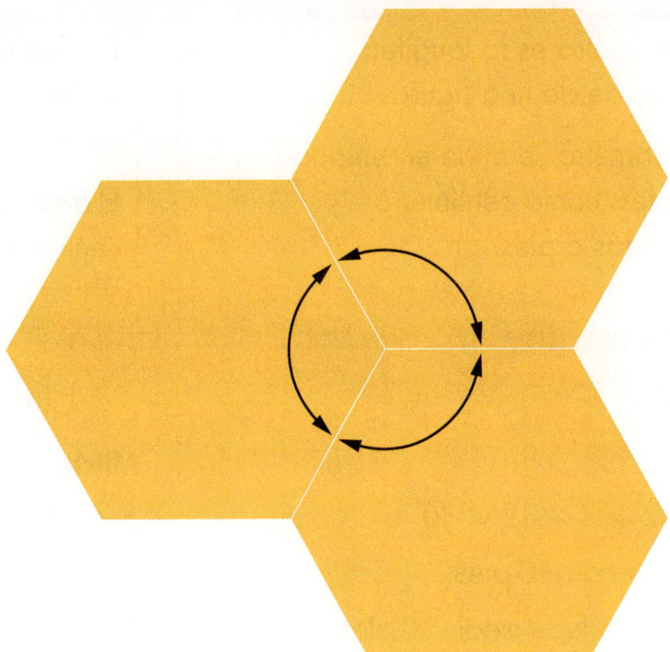

$360 \div 3 = 120$

Como el círculo tiene 360°, cada ángulo mide 120°.

¿Cuántos grados mide este ángulo?
¿Cómo lo sabes?

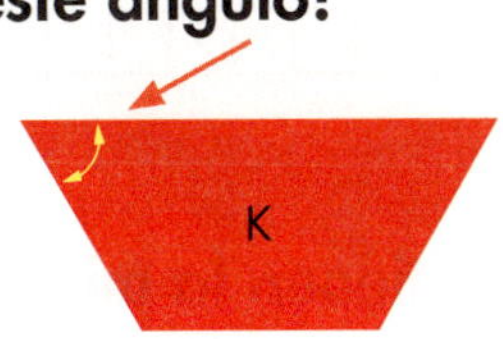

Perímetro y área

Palabras de matemáticas
- **perímetro**
- **área**

Lourdes y su padre están construyendo un patio. El patio está hecho de baldosas que miden 1 pie cuadrado cada una. También están construyendo una cerca alrededor del patio. Éste es un dibujo del diseño del patio.

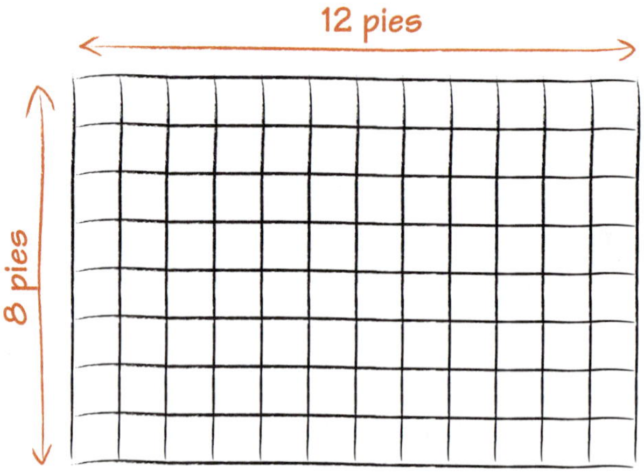

Lourdes y su padre necesitan usar dos medidas diferentes para el diseño del patio.

El perímetro es la longitud del borde de una figura.

El perímetro se mide en unidades lineales, como centímetros, pulgadas o pies.

¿Cuál es el perímetro del patio?

¿Cuánto debe medir la cerca?

Cecilia:

8 + 12 + 8 + 12 = 40

perímetro = 40 pies

La cerca debe medir **40 pies** de largo.

El área es la medida de una superficie bidimensional, por ejemplo la cantidad de superficie plana que cubre un objeto.

El área se mide en unidades cuadradas, como centímetros cuadrados o pies cuadrados.

¿Cuál es el área del patio?

¿Cuántas baldosas cuadradas necesitan?

Mitch:

8 x 12 = 96

Área = 96 pies cuadrados

Necesitan **96 baldosas.**

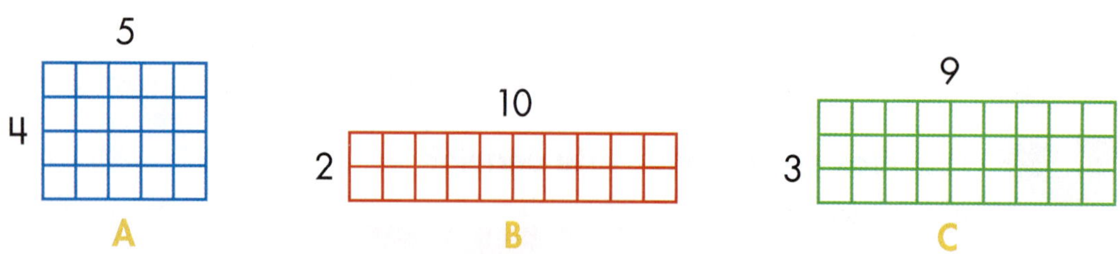

¿Cuáles dos rectángulos tienen la misma área?
¿Cuáles dos rectángulos tienen el mismo perímetro?

Semejanza (página 1 de 2)

Palabras de matemáticas
- **semejante**

Dos figuras son semejantes si tienen exactamente la misma forma. Para ser semejantes no es necesario que tengan el mismo tamaño.

Samantha y Mercedes buscaron figuras semejantes en sus polígonos Power.

Samantha: *Estos dos triángulos son semejantes.*

Ambos son triángulos isósceles rectángulos. Cada triángulo tiene un ángulo de 90° y dos ángulos de 45°.

Los lados del triángulo E tienen dos veces la longitud de los lados del triángulo F.

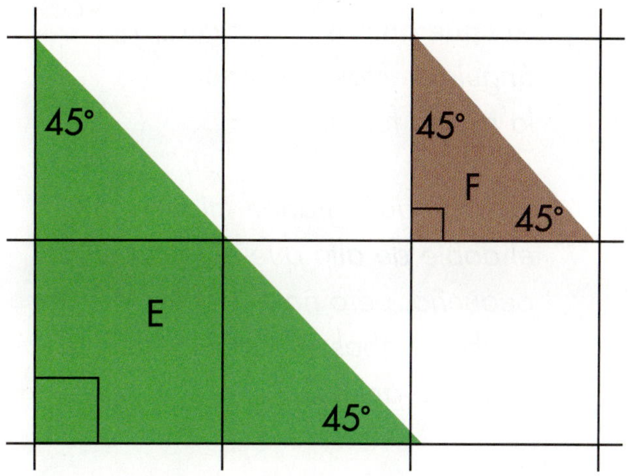

Mercedes: *Estos dos cuadrados son semejantes.*

Ambos tienen cuatro ángulos rectos.

Los lados del cuadrado B tienen la mitad de la longitud de los lados del cuadrado A.

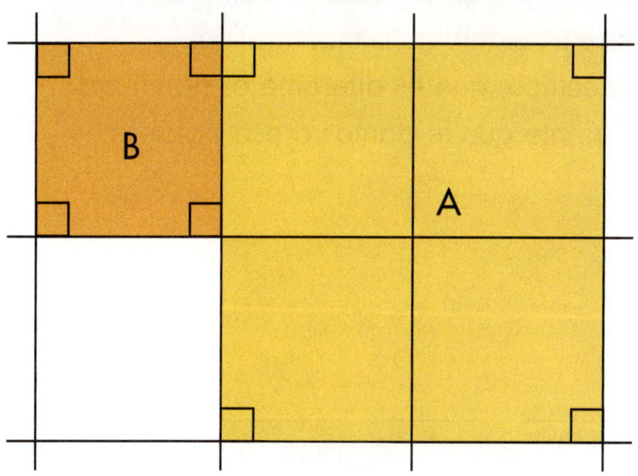

Semejanza (página 2 de 2)

Alex comparó el rectángulo C al rectángulo que formó usando cuatro cuadrados B de sus polígonos Power.

Alex: *Estos dos rectángulos NO son semejantes.*

Aunque ambos tienen cuatro ángulos rectos, no tienen la misma forma.

El rectángulo grande mide el doble de alto que el rectángulo pequeño, pero no el doble de ancho. Ambos rectángulos tienen el mismo ancho.

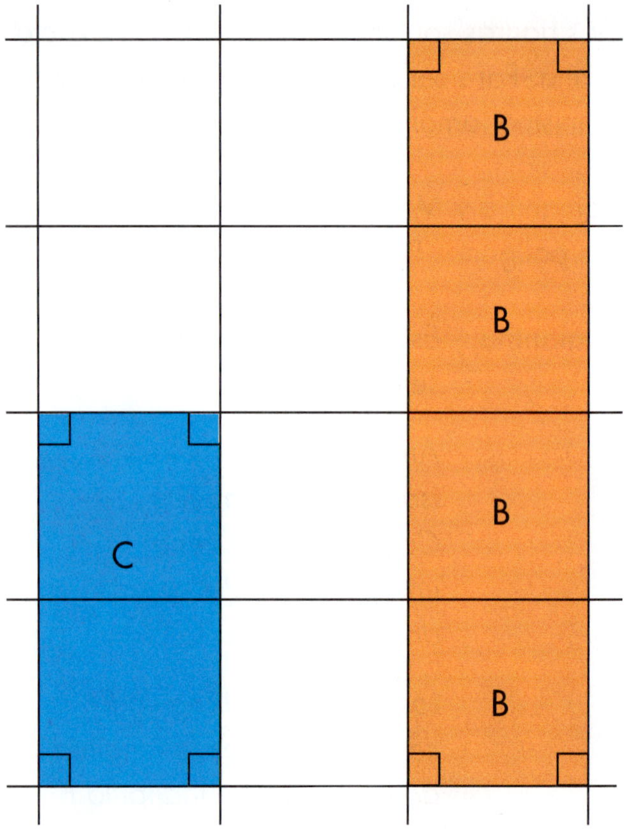

Recuerda que la palabra "semejante" tiene un significado matemático específico, que es diferente al significado corriente que le damos a esa palabra.

"Nuestras camisas son semejantes. Ambas tienen rayas."

Puedes usar el programa *LogoPaths* para resolver problemas sobre semejanzas.

Dibuja un rectángulo que sea semejante al rectángulo C. ¿Cómo sabes que son semejantes?

Prismas rectangulares

Palabras de matemáticas
- **prisma rectangular**
- **tridimensional**

Un sólido geométrico es una figura que tiene tres dimensiones: longitud, ancho y altura.

Un prisma rectangular es un tipo de sólido geométrico. (Puedes ver otros ejemplos de sólidos geométricos en las páginas 111–114.)

Aquí tienes algunos ejemplos de objetos reales que tienen forma de prisma rectangular.

Volumen de los prismas rectangulares (página 1 de 2)

Palabras de matemáticas
- **volumen**

El volumen es la cantidad de espacio que ocupa un objeto tridimensional. Piensa en el volumen de una caja como si fuera la cantidad de cubos que hace falta para llenarla.

Olivia y Joshua resolvieron este problema sobre el volumen de una caja.

¿Cuántos cubos caben en esta caja?

Patrón:

Dibujo:

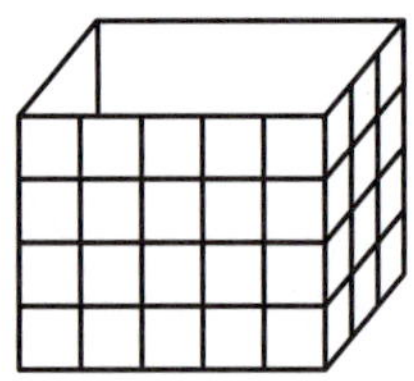

Olivia: Habrá 15 cubos en la base de la caja.

Al doblar los lados del patrón, habrá 4 niveles.

$4 \times 15 = 60$

En la caja caben **60 cubos.**

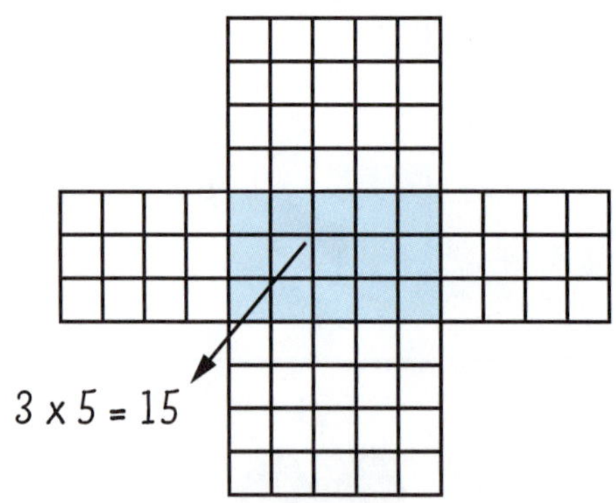

Joshua: Como la parte delantera de la caja mide 4 por 5, hay 20 cubos en la cara delantera.

Como la caja tiene 3 niveles, cabrán 20, 40 y **60 cubos.**

Volumen de los prismas rectangulares (página 2 de 2)

Martín resolvió este problema: La base de una caja mide 12 unidades por 5 unidades. La caja mide 8 unidades de alto. ¿Cuál es el volumen de la caja?

La solución de Martín

La base de la caja tiene 60 cubos porque 12 x 5 = 60.

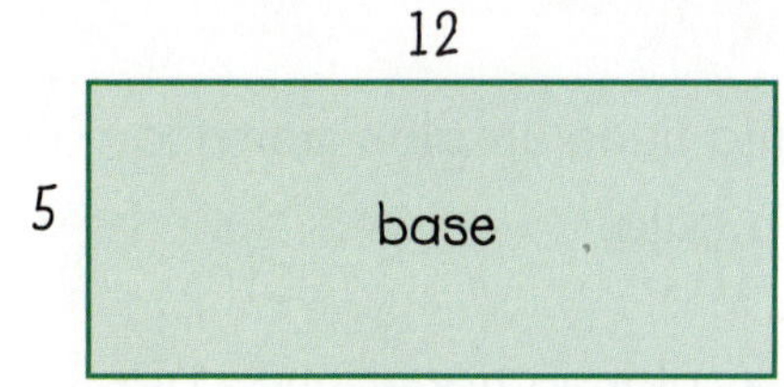

Como la caja tiene 8 niveles, la cantidad total de cubos es 60 x 8.

Por tanto, el volumen de la caja es de **480 cubos.**

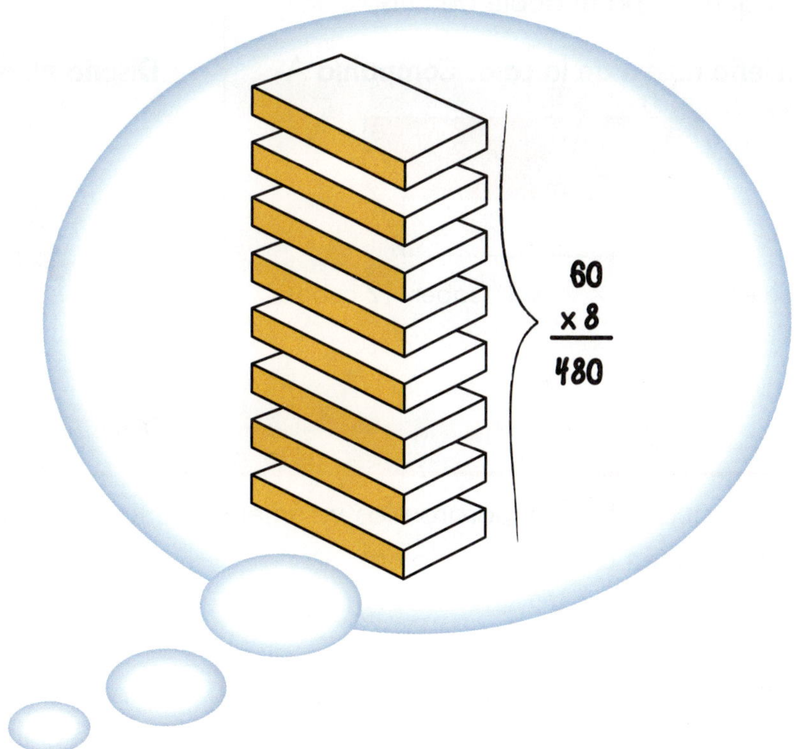

Escribe una estrategia para hallar el volumen de un prisma rectangular. Piensa cómo puedes determinar la cantidad de cubos que cabe en una caja, ya sea usando el patrón de la caja, el dibujo o una descripción de la caja.

Cambiar las dimensiones y cambiar el volumen

La Compañía A y la Compañía B fabrican cajas idénticas que tienen un volumen de 6 cubos.

Diseño original de la caja

Dimensiones: 3 × 2 × 1. Caben 6 cubos

Cada compañía tiene un plan para cambiar el diseño de la caja.

La Compañía A planea hacer una caja en la que quepa el doble de cubos.

Diseño nuevo de la caja: Compañía A

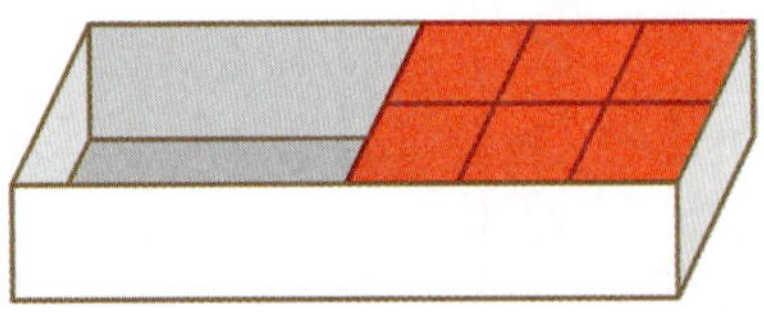

Dimensiones: 6 × 2 × 1. Caben 12 cubos

La Compañía B planea hacer una caja que tenga el doble de las dimensiones.

Diseño nuevo de la caja: Compañía B

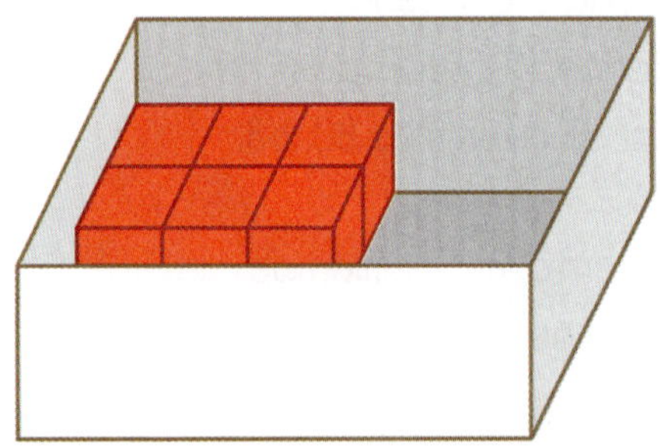

Dimensiones: 6 × 4 × 2. Caben 48 cubos

Cuatro estudiantes compararon los volúmenes de las nuevas cajas con el volumen de la caja original.

Compañía A

Alicia: *El volumen de la nueva caja de la Compañía A tiene el doble del volumen de la caja original.*

Olivia: *Sólo cambió una dimensión. El 3 fue duplicado a 6.*

Compañía B

Stuart: *En la nueva caja de la Compañía B cabrá 8 veces la cantidad de cubos que cabía en la caja original.*

Tavon: *Las tres dimensiones fueron multiplicadas por 2.*

Diseña otra nueva caja para la Compañía A en la que también quepa el doble de cubos que cabe en la caja original de 3 × 2 × 1.

Unidades cúbicas convencionales (página 1 de 2)

Palabras de matemáticas
- **centímetro cúbico**
- **pie cúbico**
- **pulgada cúbica**
- **metro cúbico**
- **yarda cúbica**

El volumen se mide en unidades cúbicas.

centímetro cúbico	longitud de una arista	área de una cara	volumen del cubo
	1 centímetro (1 cm)	1 centímetro cuadrado (1 cm^2)	1 centímetro cúbico (1 cm^3)

Un centímetro cúbico tiene aproximadamente el tamaño de un frijol.

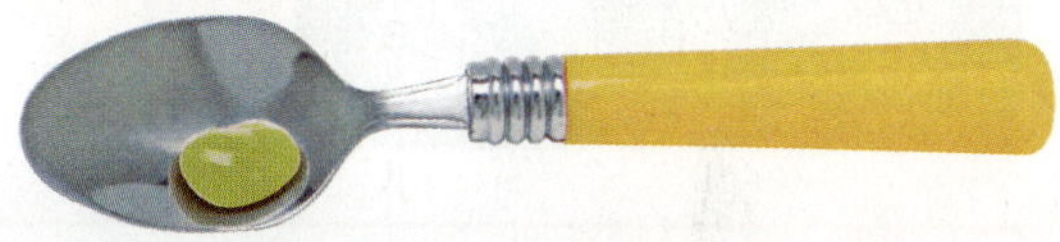

pulgada cúbica	longitud de una arista	área de una cara	volumen del cubo
	1 pulgada (1 in)	1 pulgada cuadrada (1 in^2)	1 pulgada cúbica (1 in^3)

Una pulgada cúbica tiene aproximadamente el tamaño de un malvavisco.

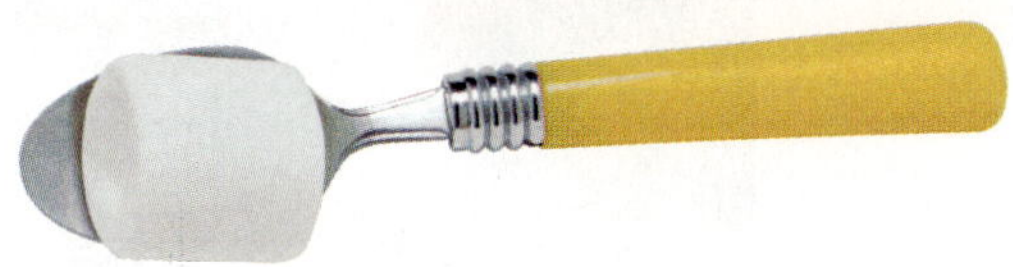

pie cúbico	longitud de una arista	área de una cara	volumen del cubo
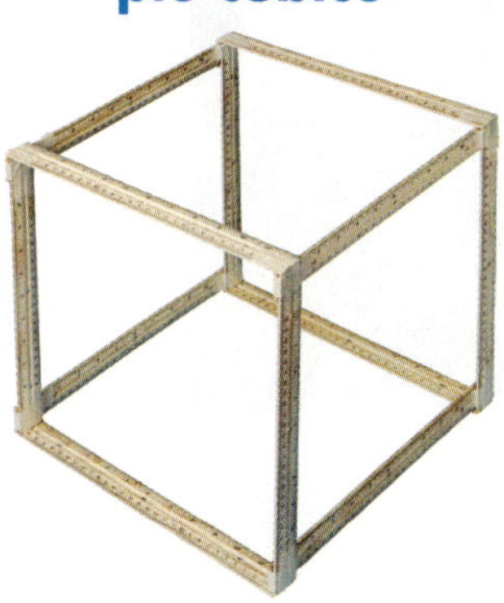	1 pie (1 ft)	1 pie cuadrado (1 ft^2)	1 pie cúbico (1 ft^3)

Un pie cúbico tiene aproximadamente el tamaño de la caja de una pelota de basquetbol.

Unidades cúbicas convencionales (página 2 de 2)

metro cúbico	longitud de una arista	área de una cara	volumen del cubo
	1 metro (1 m)	1 metro cuadrado (1 m^2)	1 metro cúbico (1 m^3)

Como una yarda es un poco más corta que un metro, una yarda cúbica es un poco más pequeña que un metro cúbico.

¿Qué unidad de medida usarías para hallar el volumen de una tina, tu cocina y un ladrillo?

Sólidos geométricos

(página 1 de 4)

Palabras de matemáticas

- **sólido geométrico**

Aquí tienes algunos ejemplos de sólidos geométricos. Estas figuras tienen tres dimensiones: longitud, ancho y altura.

prisma rectangular

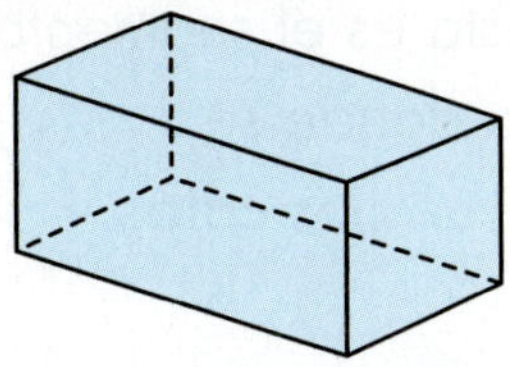

cilindro

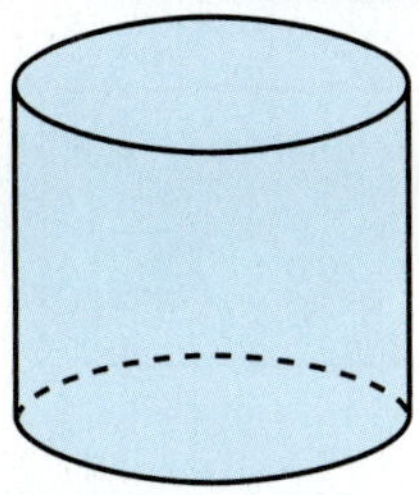

esfera

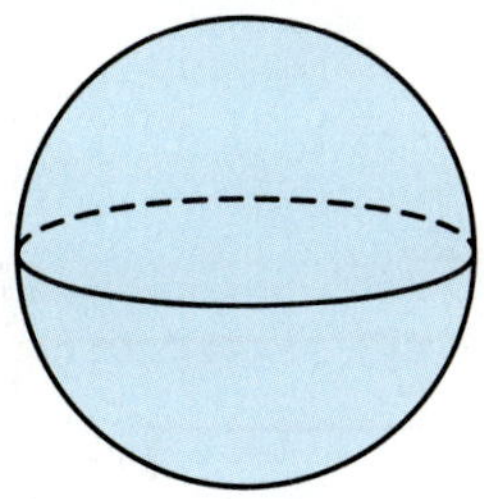

cono

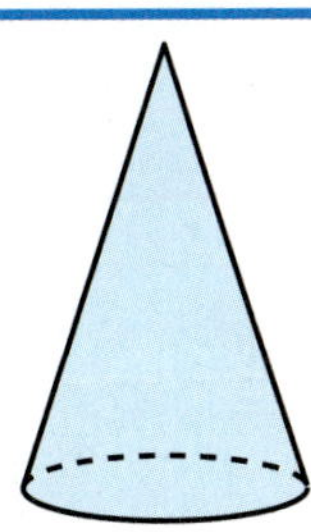

¿Qué objetos de la vida real tienen la forma de estos sólidos geométricos?

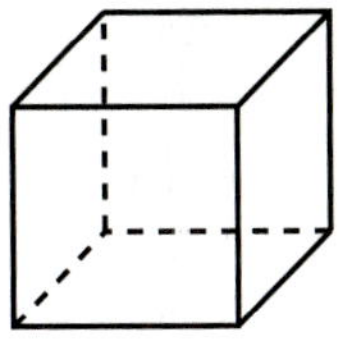
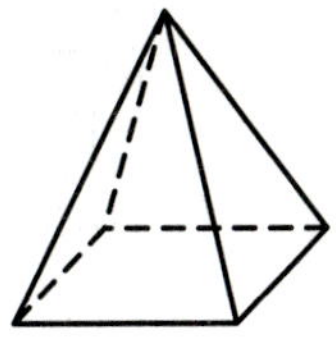

Sólidos geométricos

(página 2 de 4)

Palabras de matemáticas

- **cara**
- **arista**
- **vértice**

Una manera de describir un sólido geométrico es identificando el número de caras, aristas y vértices que tiene.

Una cara es una figura bidimensional que forma la superficie plana de una figura tridimensional.

Una arista es el segmento de recta donde se encuentran dos caras.

Un vértice es la esquina que forman dos aristas al encontrarse.

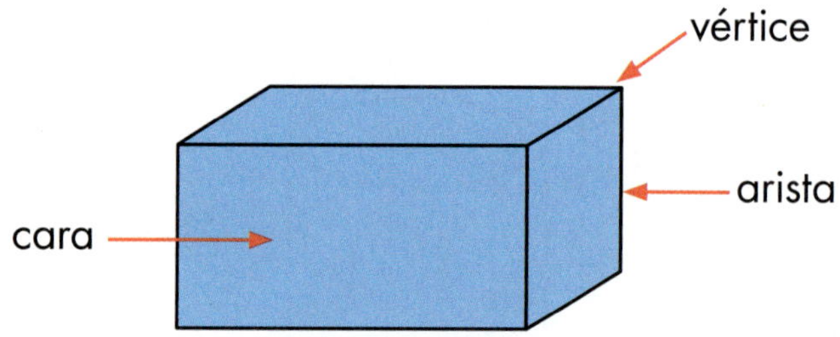

Un prisma rectangular tiene:

6 caras

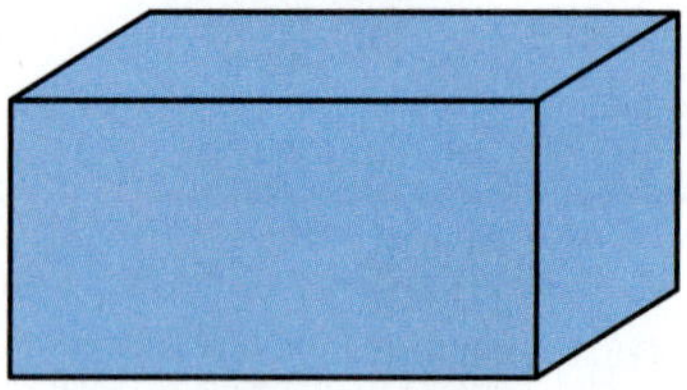

(No puedes ver todas las caras en este dibujo.)

12 aristas

8 vértices

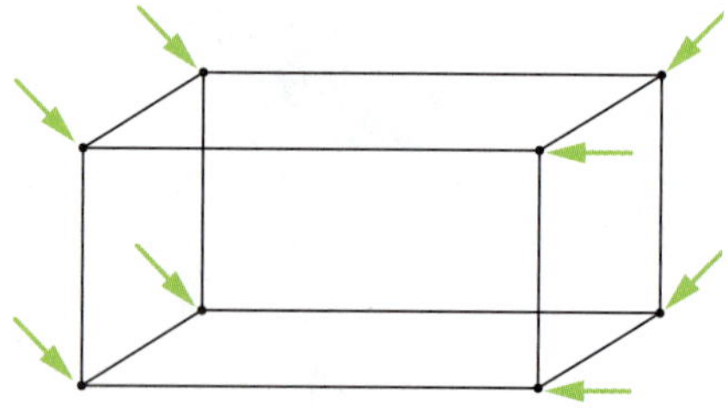

¿Cuántas caras tiene esta pirámide triangular?
¿Qué forma tienen las caras?
¿Cuántas aristas tiene?
¿Cuántos vértices tiene?

Sólidos geométricos

(página 3 de 4)

Palabras de matemáticas
- **base**

Todos estos sólidos geométricos se llaman prismas.

Las caras de "arriba" y de "abajo" de un prisma se llaman bases.

Cada prisma tiene dos bases iguales.

Las caras de los lados de estos prismas son rectángulos.

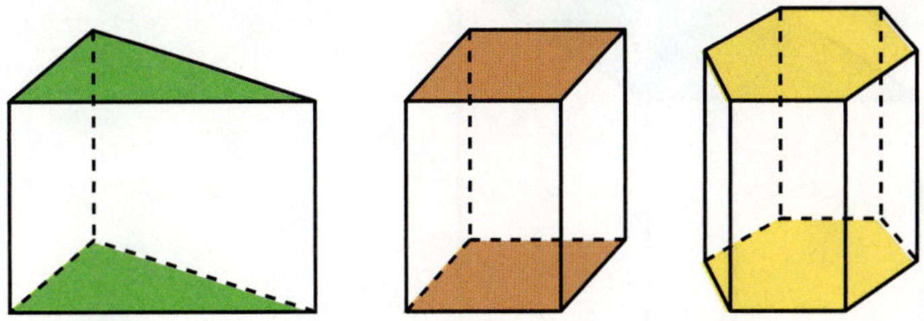

Algunos prismas, como éste, tienen caras que son paralelogramos y no rectángulos.

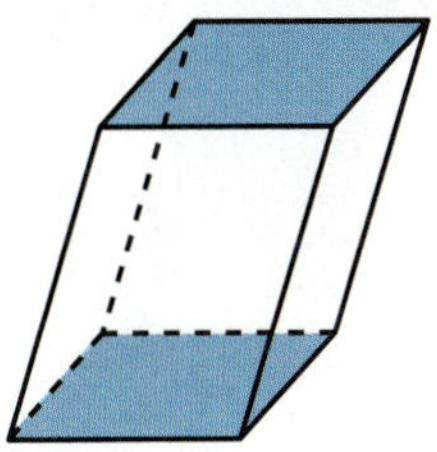

Todos estos sólidos geométricos se llaman pirámides.

La base de cada pirámide es un polígono.

Cada pirámide tiene un pico que termina en un punto.

Todas las caras de los lados de las pirámides son triángulos.

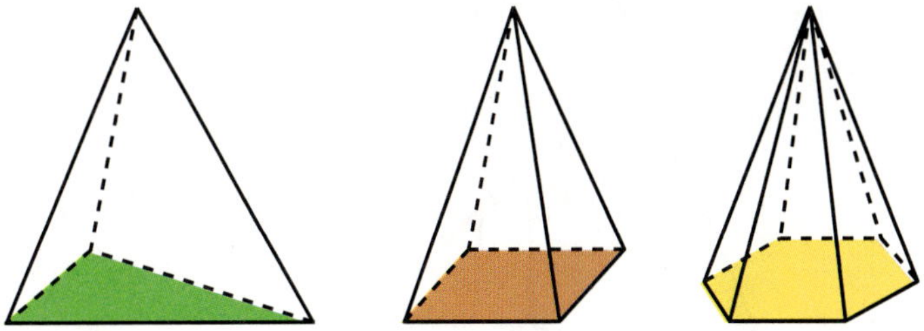

Describe las diferencias entre un prisma y una pirámide.

Sólidos geométricos (página 4 de 4)

La base de este prisma rectangular mide 4 centímetros por 5 centímetros.

Mide 8 centímetros de altura.

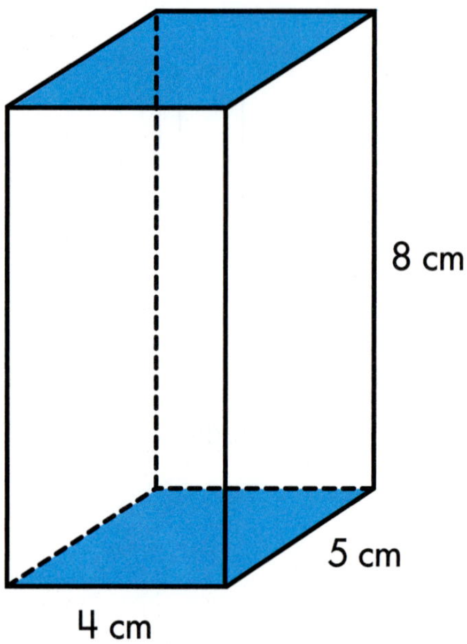

La base de esta pirámide rectangular mide 4 centímetros por 5 centímetros.

Mide 8 centímetros de altura.

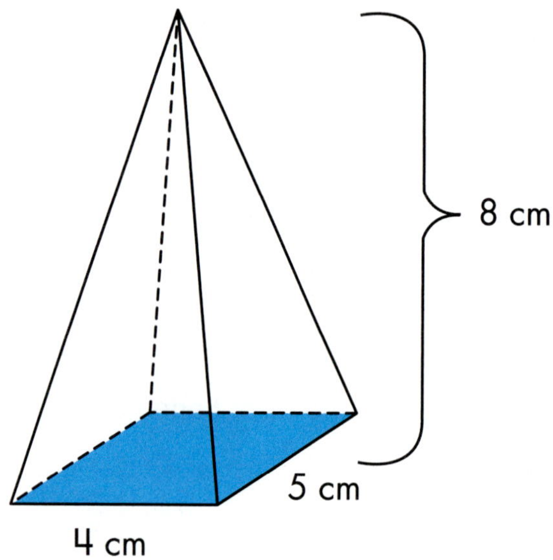

Nota: La altura de la pirámide se mide verticalmente desde la base, no a lo largo de la arista.

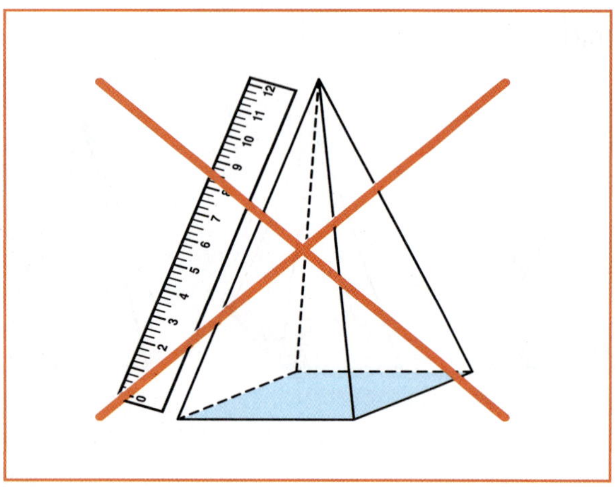

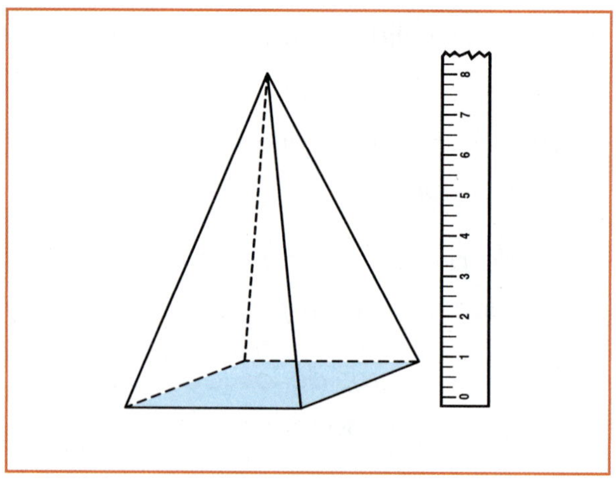

¿Cuál es el volumen del prisma rectangular de arriba? ¿En qué se parecen el volumen de esta pirámide rectangular y el volumen del prisma rectangular? ¿Cómo puedes averiguarlo?

Tabla de juegos

Cerca de 1

Necesitas

- tarjetas de decimales, Grupos A y B
- hoja de anotaciones *Cerca de 1*

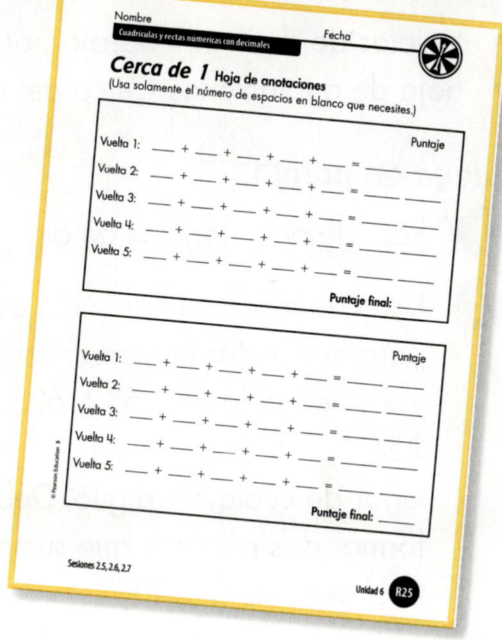

Nombre Fecha

Cuadrículas y rectas numéricas con decimales

Cerca de 1 Hoja de anotaciones

(Usa solamente el número de espacios en blanco que necesites.)

		Puntaje
Vuelta 1:	___ + ___ + ___ + ___ + ___ = ___	___
Vuelta 2:	___ + ___ + ___ + ___ + ___ = ___	___
Vuelta 3:	___ + ___ + ___ + ___ + ___ = ___	___
Vuelta 4:	___ + ___ + ___ + ___ + ___ = ___	___
Vuelta 5:	___ + ___ + ___ + ___ + ___ = ___	___
	Puntaje final:	___

		Puntaje
Vuelta 1:	___ + ___ + ___ + ___ + ___ = ___	___
Vuelta 2:	___ + ___ + ___ + ___ + ___ = ___	___
Vuelta 3:	___ + ___ + ___ + ___ + ___ = ___	___
Vuelta 4:	___ + ___ + ___ + ___ + ___ = ___	___
Vuelta 5:	___ + ___ + ___ + ___ + ___ = ___	___
	Puntaje final:	___

© Pearson Education 5

Sesiones 2.5, 2.6, 2.7 Unidad 6 R25

Juega con 1 ó 2 compañeros.

El objetivo del juego es escoger tarjetas cuya suma se acerque lo más posible a 1.

1. Reparte cinco tarjetas en el medio del grupo. Cada jugador debe usar una o más tarjetas para obtener una suma que se aproxime lo más posible a 1. (Todos deben usar las mismas cinco tarjetas.)
2. Escribe los números y la suma en la Hoja de anotaciones *Cerca de 1.*
3. Halla tu puntaje. Tu puntaje para esta vuelta es la diferencia entre la suma y 1. (Tu suma puede ser más o menos que 1.)
4. Cuando todos los jugadores hayan obtenido una suma y un puntaje, comparen los resultados.
5. Coloca las cinco tarjetas en la pila de descarte.
6. Reparte cinco tarjetas nuevas.
7. Después de cinco vueltas se suman los puntajes. Gana el jugador con el puntaje final más bajo.

Variaciones

Sigue las reglas de arriba, pero haz uno o más de los siguientes ajustes:

- Crea cuatro comodines para usar en el juego.
- Cada jugador recibe cinco tarjetas.

Cerca de 1,000

Necesitas

- tarjetas de dígitos (1 baraja por pareja)
- hoja de anotaciones *Cerca de 1,000*

Nombre Fecha
Miles de millas, miles de asientos

Cerca de 1,000 Hoja de anotaciones

Juego 1

Vuelta 1: ___ ___ ___ + ___ ___ ___ = ______ Puntaje ___
Vuelta 2: ___ ___ ___ + ___ ___ ___ = ______ ___
Vuelta 3: ___ ___ ___ + ___ ___ ___ = ______ ___
Vuelta 4: ___ ___ ___ + ___ ___ ___ = ______ ___
Vuelta 5: ___ ___ ___ + ___ ___ ___ = ______ ___

Puntaje final: ___

Juego 2

Vuelta 1: ___ ___ ___ + ___ ___ ___ = ______ Puntaje ___
Vuelta 2: ___ ___ ___ + ___ ___ ___ = ______ ___
Vuelta 3: ___ ___ ___ + ___ ___ ___ = ______ ___
Vuelta 4: ___ ___ ___ + ___ ___ ___ = ______ ___
Vuelta 5: ___ ___ ___ + ___ ___ ___ = ______ ___

Puntaje final: ___

Sesiones 1.3–1.5 Unidad 3 R7

Juega en pareja.

1. Reparte ocho tarjetas de dígitos a cada jugador.
2. Usa cualquier combinación de seis tarjetas para hacer dos números. Por ejemplo, 6, 5 y 2 pueden formar 652, 625, 526, 562, 256 ó 265. Puedes usar los comodines en lugar de cualquier dígito. Debes intentar formar dos números que sumados den un total cercano a 1,000.
3. Escribe los números y su suma en la Hoja de anotaciones *Cerca de 1,000.* Por ejemplo, 652 + 347 = 999.
4. Halla los puntajes. El puntaje es la diferencia entre la suma y 1,000.
5. Coloca las tarjetas que usaste en una pila de descarte. Guarda las dos tarjetas que usaste para la siguiente vuelta.
6. En la siguiente vuelta, reparte seis tarjetas a cada jugador. Forma más números cuya suma se acerque a 1,000.
7. Cuando hayas usado todas las tarjetas, mezcla la pila de descarte para volver a usarlas de nuevo.
8. Después de cinco vueltas se suman los puntajes para hallar el puntaje final. Gana el jugador con el puntaje final más bajo.

Variación

Escribe los puntajes con signos más y menos para indicar si la suma está por encima o por debajo de 1,000. Por ejemplo, si el total es 999, el puntaje será −1. Si el total es 1,005, el puntaje será +5. La suma de ambos puntajes es +4. El objetivo es obtener después de cinco vueltas un puntaje final que se acerque lo más posible a 0.

Cerca de 7,500

Necesitas

- tarjetas de dígitos (1 baraja por pareja)
- hoja de anotaciones *Cerca de 7,500*

Nombre
Fecha
Miles de millas, miles de asientos

Cerca de 7,500 Hoja de anotaciones

Juego 1

Puntaje

Vuelta 1: ______ + ______ = ______ ______
Vuelta 2: ______ + ______ = ______ ______
Vuelta 3: ______ + ______ = ______ ______
Vuelta 4: ______ + ______ = ______ ______
Vuelta 5: ______ + ______ = ______ ______

Puntaje final: ______

Juego 2

Puntaje

Vuelta 1: ______ + ______ = ______ ______
Vuelta 2: ______ + ______ = ______ ______
Vuelta 3: ______ + ______ = ______ ______
Vuelta 4: ______ + ______ = ______ ______
Vuelta 5: ______ + ______ = ______ ______

Puntaje final: ______

R16 Unidad 3

Sesiones 3.1, 3.3, 3.4

Juega en pareja.

1. Reparte diez tarjetas de dígitos a cada jugador.
2. Usa cualquier combinación de siete u ocho tarjetas para formar dos números que sumados den un total lo más cercano posible a 7,500. Por ejemplo, 3,108 + 4,386 = 7,494, ó 7,130 + 372 = 7502. Puedes usar comodines en lugar de cualquier dígito.
3. Escribe los números y su suma en la Hoja de anotaciones *Cerca de 7,500.*
4. Halla los puntajes. El puntaje es la diferencia entre la suma y 7,500.
5. Coloca las tarjetas que usaste en una pila de descarte. Guarda las tarjetas que no usaste para la siguiente vuelta.
6. En la siguiente vuelta, reparte siete u ocho tarjetas nuevas a cada jugador (para que cada persona tenga diez tarjetas) y repitan el juego.
7. Cuando se acaben las tarjetas, mezcla la pila de descarte para volver a usarlas todas de nuevo.
8. Después de cinco vueltas suma los puntajes para hallar el puntaje final. Gana el jugador con el puntaje final más bajo.

Variación

Escribe los puntajes con signos más y menos para indicar si la suma está por encima o por debajo de 7,500. Por ejemplo, si el total es 7,494, el puntaje será –6. Si el total es 7,502, el puntaje será +2. El objetivo es obtener después de cinco vueltas un puntaje final que se aproxime lo más posible a 0.

Doble comparación de decimales

Necesitas

- tarjetas de decimales, Grupo A (2 grupos)

Juega en pareja.

1. Mezcla las tarjetas y repártelas equitativamente para que cada jugador tenga el mismo número de tarjetas. Coloca las tarjetas boca abajo frente a ti.
2. Cada jugador debe voltear las dos primeras tarjetas de su pila.
3. Mira tus dos números y los dos números de tu pareja. Decidan quién tiene la suma mayor.
4. La persona con la suma mayor se lleva todas las tarjetas que han sido volteadas y las coloca en la parte de abajo de su pila.
5. Si ambas sumas son iguales, los jugadores conservan sus tarjetas y voltean las siguientes dos tarjetas de la pila.
6. Jueguen por un tiempo determinado o hasta que un jugador obtenga todas las tarjetas. Gana el jugador con la mayor cantidad de tarjetas.

Variaciones

Sigue las reglas de arriba, pero haz uno o más de los siguientes ajustes:

- La persona con la suma menor obtiene las tarjetas.
- Incluye el Grupo B de las tarjetas de decimales.
- Agrega tarjetas nuevas. Puedes agregar comodines (que pueden usarse en lugar de cualquier número) o "tarjetas equivalentes" como 0.50 ó 0.950.

Decimales en el medio

Necesitas

- tarjetas de decimales, Grupos A y B

Juega en pareja.

1. Busca las tres tarjetas rotuladas 0, $\frac{1}{2}$ y 1.
   Colócalas sobre la mesa (consulta el dibujo de abajo).
2. Mezcla las tarjetas de decimales. Reparte seis a cada jugador.
3. Túrnense para colocar una tarjeta junto a otra de alguna de estas maneras:
   - a la derecha de 0
   - a la izquierda o a la derecha de $\frac{1}{2}$
   - a la izquierda de 1
   - encima de cualquier equivalente

   Al colocar la tarjeta, debes leer el decimal en voz alta.
4. Las tarjetas deben colocarse en orden de menor a mayor, y de izquierda a derecha. Una tarjeta no puede ser colocada entre dos tarjetas que ya estén juntas.

0 cero	0.05 cinco centésimas		0.45 cuarenta y cinco centésimas	$\frac{1}{2}$ un medio		1 uno

   En el ejemplo de arriba, la tarjeta de 0.025 no puede colocarse entre las tarjetas de 0 y 0.05. Por tanto, no puede colocarse en esta vuelta.
5. Tu objetivo es colocar la mayor cantidad de tarjetas posibles. La vuelta termina cuando ninguno de los jugadores puede colocar más tarjetas. Tu puntaje es el número de tarjetas que te quedan en la mano.

   Al terminar una vuelta, las tarjetas podrían quedar así:

0 cero	0.05 cinco centésimas	0.125 ciento veinticinco milésimas	0.3 tres décimas	0.4 cuatro décimas		0.45 cuarenta y cinco centésimas	$\frac{1}{2}$ un medio	0.575 quinientas setenta y cinco milésimas	0.65 sesenta y cinco centésimas

0.85 ochenta y cinco centésimas	0.925 novecientas veinticinco milésimas	1 uno

   En este ejemplo, el Jugador 1 no pudo colocar 0.25 ó 0.6. El Jugador 1 tiene un puntaje de 2. El Jugador 2 no pudo colocar 0.025. El Jugador 2 tiene un puntaje de 1.
6. Al finalizar cinco vueltas, el jugador con el puntaje menor gana.

Comparar divisiones

Necesitas

- tarjetas de comparación (1 baraja por pareja)

Juega en pareja.

1. Divide la baraja de tarjetas de manera equitativa, para que cada jugador tenga el mismo número de tarjetas.
2. Cada jugador debe voltear dos tarjetas.
3. Usando el número mayor como dividendo y el número menor como divisor, crea un problema de división. (Por ejemplo, si las tarjetas son 80 y 700, la división será $700 \div 80$.)
4. Estima, compara y razona acerca de las relaciones entre los números para determinar qué jugador tiene el cociente (la respuesta) mayor. Comenten cómo saben qué respuesta es mayor.
5. El jugador con el mayor cociente se lleva todas las tarjetas. Si los cocientes son iguales, los jugadores voltean dos tarjetas más, y entonces quien tenga el mayor cociente se lleva todas las tarjetas.
6. Se puede jugar por un tiempo determinado o hasta que un jugador se quede con todas las tarjetas.

Variación

Necesitas

- tarjetas de dígitos (1 baraja por pareja)

Se juega el mismo juego usando las tarjetas de dígitos, sin las tarjetas de los "0". Cada jugador debe sacar cinco tarjetas. Usando las tarjetas en el orden en que fueron seleccionadas, se forma el dividendo con las primeras tres y el divisor con las últimas dos. (Por ejemplo, si se saca 8, 1, 5, 9, 4, el problema de división será $815 \div 94$.)

Completar dos

Necesitas

- tarjetas de decimales, Grupo A (1 grupo)
- cuadrículas de centésimas para *Completar dos* (1 cuadrícula por jugador)
- crayones o marcadores (2 o más colores para cada jugador)

Juega en pareja.

1. Mezcla las tarjetas y coloca la pila de tarjetas boca abajo. Voltea las primeras cuatro tarjetas y colócalas boca arriba en una fila.
2. El objetivo es colorear dos de tus cuadrículas lo más completas posible.
3. Túrnense para jugar. En tu turno escoge una de las tarjetas que está boca arriba, colorea esa cantidad en cualquiera de las cuadrículas y escribe el número debajo de la cuadrícula. No puedes colorear una cantidad que sobrepase el espacio vacío de una cuadrícula y tampoco puedes repartir la cantidad entre dos cuadrículas.
4. Cuando hayas usado una de las cuatro tarjetas, sustitúyela con otra tarjeta de la pila.
5. Alterna colores en cada turno para que puedas ver los distintos decimales. Al escribir los números debajo de las cuadrículas, usa signos más (+) entre los números, creando así una ecuación que mostrará el total de espacios coloreados en cada cuadrícula.
6. Si todas las tarjetas volteadas muestran una cantidad mayor a los espacios que quedan en tus cuadrículas, pierdes el turno hasta que aparezca una tarjeta que puedas usar.
7. El juego termina cuando ninguno de los jugadores pueda usar ninguna de las tarjetas volteadas. Los jugadores suman todos los números que han coloreado en cada cuadrícula y combinan las sumas para obtener un total para ambas cuadrículas. Gana el jugador cuya suma se aproxime más a 2.

Variaciones: *Completar cuatro*

Sigue las reglas de *Completar dos*, pero haz los siguientes cambios:

- Utiliza los Grupos A y B de las tarjetas de decimales (1 de cada grupo).
- Cada jugador debe completar cuatro cuadrículas en el juego. En una vuelta, puedes colorear cualquier cantidad en cualquier cuadrícula que tenga suficiente espacio.
- Gana el jugador cuya suma final se aproxime más a 4.

Pista de fracciones (página 1 de 2)

Necesitas

- tarjetas de fracciones
- tablero *Pista de fracciones*
- 20 fichas (u otros objetos pequeños)

Juega con 1 ó 2 jugadores más o en 2 parejas

Juega con 1 persona más (Juego de introducción)

1. Saca las tarjetas de porcentajes y las 18 tarjetas mayores que 1 (por ejemplo, la de $\frac{3}{2}$) de la baraja de tarjetas. Usa sólo la hoja 1 del tablero *Pista de fracciones,* que corresponde a la parte de 0 a 1.

2. Coloca siete fichas en el tablero, una en cada pista, en cualquier punto fraccionario menor que $\frac{3}{4}$. Mezcla las tarjetas y coloca la baraja con las tarjetas mirando hacia abajo.

3. Los jugadores se turnan volteando tarjetas de la pila y moviendo una o más fichas para llegar al total que se muestra. Puedes mover fichas en una sola pista o en varias. Por ejemplo, si la tarjeta dice $\frac{3}{5}$, puedes mover $\frac{3}{5}$ en la pista de los quintos o $\frac{6}{10}$ en la pista de décimos o usar una combinación de movimientos en dos o más pistas, como $\frac{1}{2}$ y $\frac{1}{10}$, $\frac{1}{5}$ y $\frac{4}{10}$ ó $\frac{1}{3}$, $\frac{1}{6}$ y $\frac{1}{10}$. La fracción que aparece en la tarjeta representa el total de pasos que debes mover las fichas, no el punto donde las debes poner.

Pista de fracciones (página 2 de 2)

4. El objetivo es mover las fichas para que caigan exactamente en el número 1. Si logras caer en 1, ganas esa ficha. Al obtener una ficha, se debe colocar una ficha nueva en el 0 de la misma pista para que el próximo jugador tenga fichas en todas las pistas. (Esto sucederá sólo cuando un jugador complete un turno. No se puede llegar a 1 y seguir usando la misma pista dentro de un mismo turno de juego.)

5. Si no puedes mover la ficha el total de pasos correspondientes al número que aparece en la tarjeta de fracciones, pierdes el turno.

Jugar hasta el 2 (Juego regular)

Las reglas son las mismas que para el Juego de introducción, con las siguientes excepciones:

1. Se usan todas las tarjetas de fracciones y todo el tablero *Pista de fracciones.*

2. Las siete fichas deben colocarse en fracciones menores que $\frac{3}{2}$.

3. El objetivo es mover las fichas para que caigan en el número 2.

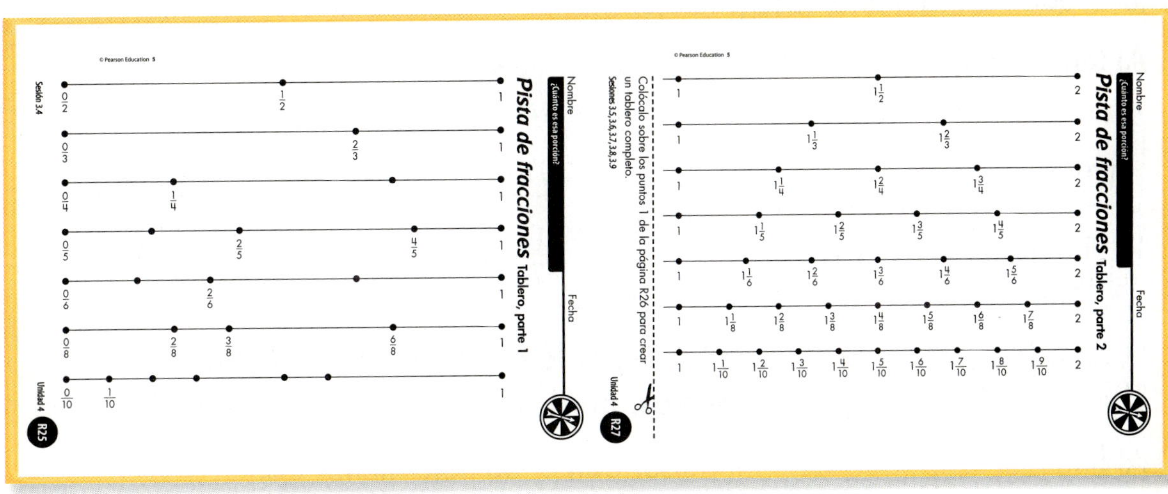

En el medio

Necesitas

- tarjetas de fracciones —únicamente las tarjetas con diamante (◆)
- tira de porcentajes equivalentes ya completada (como referencia)

Juega en pareja.

1. Coloca las tarjetas de 10%, 50% y 90% en la mesa (mira el dibujo que se muestra abajo).

2. Mezcla las tarjetas de fracciones. Reparte seis a cada jugador.

3. Túrnense para colocar una tarjeta junto a otra. Se puede colocar una tarjeta a la derecha de 10%, a la izquierda o a la derecha de 50%, a la izquierda de 90% o encima de cualquier porcentaje. Al colocar la tarjeta, debes decir qué fracción es y cuál es su porcentaje equivalente.

4. Las tarjetas deben colocarse en orden de menor a mayor y de izquierda a derecha.

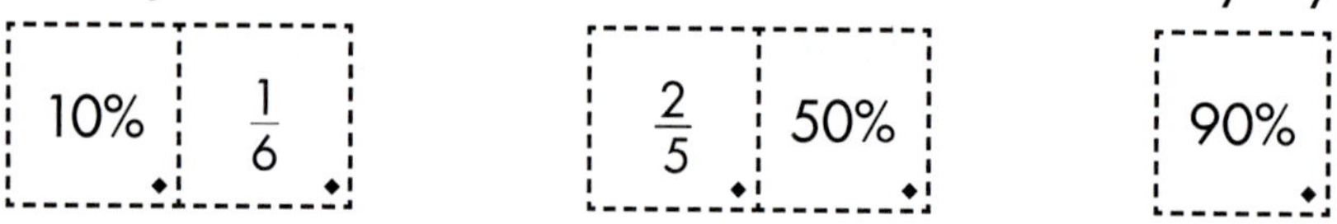

Una tarjeta *no* puede ser colocada entre dos tarjetas que ya estén juntas.

En el ejemplo de arriba, la tarjeta de $\frac{1}{8}$ **no** puede colocarse entre las tarjetas de $\frac{1}{6}$ y 10%. Por tanto, no puedes colocarla en esta vuelta.

5. El objetivo es colocar la mayor cantidad de tarjetas posibles. La vuelta termina cuando ningún jugador puede colocar más tarjetas. El número de tarjetas que te quedan en la mano es tu puntaje.

Al terminar la vuelta, las tarjetas podrían quedar así:

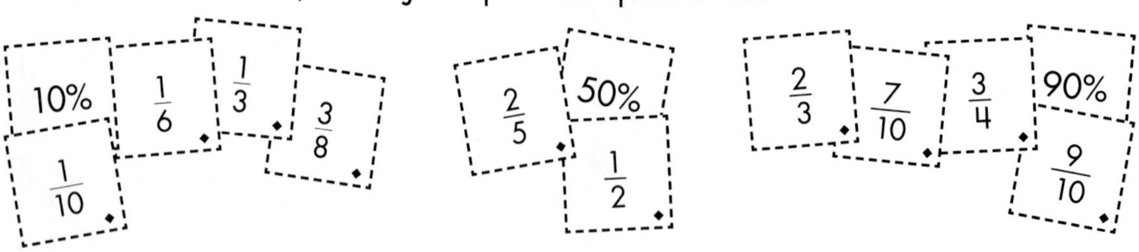

El Jugador 1 no pudo colocar $\frac{1}{8}$ y $\frac{4}{5}$, por lo que tiene un puntaje de 2. El Jugador 2 colocó las seis tarjetas, por lo que tiene un puntaje de 0.

6. Al finalizar cinco vueltas, el jugador con el puntaje menor gana.

Comparar multiplicaciones

Necesitas

- tarjetas de comparación (1 baraja por pareja)

Juega en pareja.

1. Divide la baraja de tarjetas de manera equitativa, para que ambos jugadores tengan el mismo número de tarjetas. Coloquen sus tarjetas boca abajo en una pila frente a ustedes.
2. Cada jugador debe voltear las dos primeras tarjetas de su pila.
3. Determinen qué producto es el mayor. Comenten cómo saben qué producto es el mayor.
4. El jugador con el producto mayor se lleva todas las tarjetas volteadas y las coloca en la parte inferior de su pila.
5. Si los productos son iguales, los jugadores voltean dos tarjetas más. El jugador con el producto mayor se lleva todas las tarjetas.
6. Se puede jugar por un tiempo determinado o hasta que un jugador se quede con todas las tarjetas. El jugador con la mayor cantidad de tarjetas gana.

Variación

Necesitas

- tarjetas de dígitos (1 baraja por pareja)

Se juega el mismo juego usando las tarjetas de dígitos, sin las tarjetas de los "0". Cada jugador debe sacar 4 tarjetas. Usando las tarjetas en el orden en que fueron seleccionadas, cada jugador debe formar dos factores de 2 dígitos. (Por ejemplo, si saca 7, 2, 3, 8, el problema de multiplicación será 72×38.)

Alrededor del reloj

(página 1 de 2)

Necesitas

- cubo de fracciones de $\frac{1}{2}$ y menos
- cubo de fracciones de $\frac{1}{2}$ y más
- *Fracciones de reloj* (de la Unidad 4, como referencia)
- copia de la esfera grande de reloj (como referencia)

Nombre
Fecha
¿Cuánto es esa porción?
Fracciones del reloj
1. 2. 3. 4. 5. 6. 7. 8. 9. 10. 11. 12.
Sesión 3.1
Unidad 4 37

Nombre
¿Cuánto es esa porción?
Fecha
Esfera grande de reloj
Sesiones 3.1, 3.2, 3.3, 3.7
Unidad 4 R21

Juega con 1 ó 2 compañeros.

1. Los estudiantes se turnan para jugar de primero.
2. Escoge un cubo de fracciones y lánzalo. Anota la fracción. Dependiendo de cuán cerca estés de 1, escoge de nuevo un cubo de fracciones y lánzalo. Puedes lanzar hasta 3 veces.
3. Anota las fracciones y escribe una ecuación para mostrar la suma de todas. Puedes sobrepasar 1. El objetivo del juego es lanzar una combinación de fracciones que sumen el número más cercano a 1.
4. El siguiente jugador realiza hasta 3 lanzamientos. Al final de una vuelta (en la que cada jugador ha lanzado el cubo de fracciones), el jugador con la suma más cercana a 1 gana. Si hay un empate, todos los jugadores reciben puntos.

Alrededor del reloj

(página 2 de 2)

5 Después de cinco vueltas, el jugador con el puntaje mayor gana.

Ejemplo de puntaje para una vuelta:		Puntaje
Jugador A	$\frac{1}{4} + \frac{7}{12} = \frac{10}{12}$	$1 - \frac{10}{12} = \frac{2}{12}$
Jugador B	$\frac{1}{3} + \frac{3}{4} = \frac{13}{12} = 1\frac{1}{12}$	$1\frac{1}{12} - 1 = \frac{1}{12}$
Jugador C	$\frac{5}{12} + \frac{1}{3} + \frac{5}{12} = \frac{14}{12} = 1\frac{2}{12}$	$1\frac{2}{12} - 1 = \frac{2}{12}$

El jugador B es el que está más cerca de 1 y recibe 1 punto para esta vuelta.

Variaciones:

Variación con puntaje negativo/positivo: Para jugar una versión más difícil, el puntaje de un jugador puede ser positivo o negativo. Si la suma resulta mayor que 1, el puntaje es positivo. Si la suma resulta menor que 1, el puntaje es negativo. Por ejemplo, el total de $1\frac{1}{12}$ da como puntaje $\frac{1}{12}$. Si en la próxima ronda un jugador obtiene un total de $\frac{5}{6}$, el puntaje es $-\frac{1}{6}$. El puntaje combinado para ambas vueltas es $-\frac{1}{12}$. En esta versión gana el jugador que obtiene el puntaje más cercano a 0 al finalizar varias vueltas.

Variación con números mixtos: Se puede incluir un cubo numérico para los números enteros del 1 al 6. En esta versión los jugadores pueden, si así lo desean, lanzar el cubo de números enteros junto con el cubo de fracciones. No pueden lanzar solamente el cubo de números enteros. Pueden sumar o restar los números que han obtenido. El objetivo en esta variación es llegar a 4.

De menor a mayor

Necesitas

- tarjetas decimales, Grupos A y B (1 de cada grupo para 2 jugadores, 2 de cada grupo para 3 ó 4 jugadores)

Juega en pareja o en un grupo pequeño.

1. Combina todas las tarjetas decimales.
2. Cada jugador debe formar un tablero de juego dibujando una cuadrícula de 3×3, con espacios lo suficientemente grandes como para que quepan en ellos las tarjetas.
3. Mezcla la baraja combinada de tarjetas y colócala boca abajo entre los jugadores.
4. Los jugadores deben turnarse. En tu turno, toma una tarjeta de la pila y decide dónde colocarla en tu tablero de juego. Los números deben estar en orden de menor a mayor, yendo de izquierda a derecha en cada fila y de arriba hacia abajo en cada columna.
5. Si sacas una tarjeta que no puedes colocar debido a la posición de los números que ya has colocado, debes guardar esa tarjeta en otra pila y perderás el turno.

   Ejemplo:
   Supón que después de seis vueltas, tu tablero de juego se ve como éste. Sacas una tarjeta con 0.15, pero no puedes colocarla porque 0.375 ya ha sido colocado en el cuadrado del valor menor del tablero. Coloca el 0.15 en tu pila de tarjetas que no puedes usar.

0.375 trescientas setenta y cinco milésimas	0.475 cuatrocientas setenta y cinco milésimas	
	0.55 cincuenta y cinco centésimas	0.6 seis décimas
0.75 setenta y cinco centésimas	0.875 ochocientas setenta y cinco milésimas	

6. Si no estás seguro de cuál de dos números es mayor, pide ayuda a tus compañeros.
7. El juego termina cuando todos los jugadores han llenado los nueve espacios.
8. El ganador es el jugador que tenga la menor cantidad de tarjetas que no ha podido usar. Si nadie logra llenar por completo el tablero, gana el jugador que tenga más tarjetas colocadas en el tablero.

Ilustraciones

6–40, 41–54, 89–90, 108 Thomas Gagliano
40, 75–77, 90 Jeff Grunewald
54, 66 Jared Osterhold

Fotografías

Every effort has been made to secure permission and provide appropriate credit for photographic material. The publisher deeply regrets any omission and pledges to correct errors called to its attention in subsequent editions.

Unless otherwise acknowledged, all photographs are the property of Scott Foresman, a division of Pearson Education.

Photo locators denoted as follows: Top (T), Center (C), Bottom (B), Left (L), Right (R), Background (Bkgd)

Cubierta ©Kris Northern/Phidelity; **41** ©Royalty-Free/Corbis; **79** (TL) ©DK Images, (BR) Blend Images/Getty Images, (TR) Getty Images; **89**© Royalty-Free/Corbis; **97** ©Royalty-Free/Corbis; **105** (TR) Dave Greenwood/ Getty Images, (CL) ©photolibrary/Index Open, (CR) Getty Images, (TL) GK & Vicki Hart/Getty Images; **109** Corbis; **1 1 1** (TR, TL)Getty Images